맨 발 의 꿈 맨 발 의 여 행 자

KI신서 2385
맨발의 꿈 맨발의 여행자

1판 1쇄 인쇄 2010년 4월 30일
1판 1쇄 발행 2010년 5월 10일

글 박성원 **사진** 정일호 **펴낸이** 김영곤 **펴낸곳** (주)북이십일 21세기북스
출판컨텐츠사업본부장 정성진 **생활문화팀장** 김선미
기획편집 김순란 **영업·마케팅** 최창규, 김용환, 이경희, 노진희, 김보미, 허정민, 김현섭
출판등록 2000년 5월 6일 제10-1965호
주소 (우413-756) 경기도 파주시 교하읍 문발리 파주출판단지 518-3
대표전화 031-955-2100 **팩스** 031-955-2151 **이메일** book21@book21.co.kr
홈페이지 www.book21.com **커뮤니티** cafe.naver.com/21cbook

값 12,000원
ISBN 978-89-509-2338-9 03040

맨발의 꿈

맨발의 여행자

박성원 글 | 정일호 사진

21세기북스

Prologue

| 섬, 또 하나의 섬 |

인도네시아 발리를 출발한 비행기는 고도를 높이지 않은 채
바다에 떠있는 열도의 섬들을 쓰다듬듯 날아갑니다.
애타게 찾아 헤맨 곳이었거나, 일생을 기다려온 여행이었다면
이렇듯 불안하지는 않았겠지요.

동남아시아에서 가장 가난하다는 나라,
내전이라는 흉흉한 소식이 들려오던 나라,
아무런 정보를 얻을 수 없어 기대할 것도 없는 나라,

열대의 동티모르로 가고 있는 시간이
검은 안개 속으로 걸어 들어가는 밤처럼 두렵습니다.
진짜로 내가 가야 할 곳은 저 아래 무인도일지도 모르겠습니다.
비행기가 불시착이라도 해버리기를.

섬과 섬을 떠돌며 한 달을 지내보는 것도 나쁘지 않은 일일 것 같습니다.
오랜 시간을 맥없이 떠돌던 내 마음과 마음 사이를 다녀보는 것도 좋을 것 같습니다.

섬을 지나고 또 하나의 섬을 지나
드디어 하나의 섬으로 내려앉습니다.
거대한 하나의 산, 그러나 무인도보다 더 외로운 듯 보이는 섬,
Timor-leste가 뜨거운 손을 내밉니다.

Contents

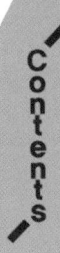

| 셋, 다시 처음부터 |

| 넷, 삶의 비유 |

Epilogue

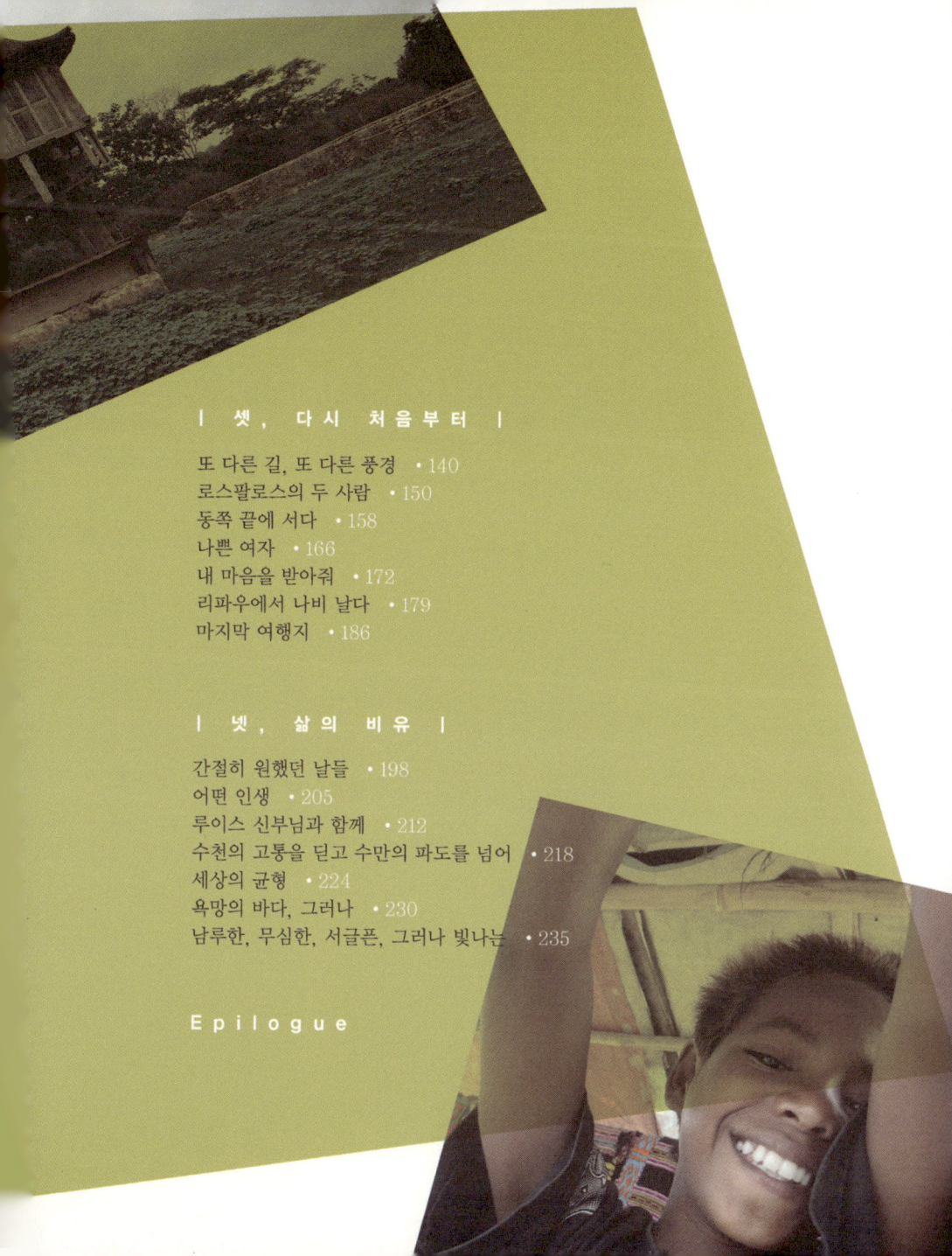

인도네시아
동티모르
인도네시아
(서티모르)

아따우로섬
(동티모르)
아따우로
인도네시아
라오템
뚜뚜알라
자코 섬
딜리
마나뚜또
바우카우
로스팔로스
아일리우
오수
마우비씨
비케케
바투가데
말리아나
사메
아이나로
동티모르
수아이
서티모르
오스트레일리아

하나, **경계에서**

무덥고 모호한 하루하루가 계속되었다.

어두운 방에 누워 누군가 나에게 답을 보여주기를 기도했다.

내가 무엇을 해야 하는지, 어디로 가야 하는지.

언제였을까?

내가 스스로 경계를 지우고 그들 속으로 스며든 것은.

Hotel Turismo

불안한 첫날

호텔 투리즈모 2층 객실의 창 밖에는 태양이 한가득이고
커다란 나무 그늘 아래로는 아마도
시원한 바람이 불고 있을 것이다.
거리의 온도가 더 높아지기 전에 어서 거리로 나서야 하지만
창가에 선 채 이렇게 거리를 내려다보고만 있다.
손님을 부르는 택시의 경적음과 스쿠터들의 요란한 엔진소리에
뒷덜미로 두통의 전조가 시작된다.
'한심하여라. 너는 두려워하고 있구나.'
말이 통하지 않는 검은 얼굴의 불가해한 시선을,
타이어 분진과 마른 흙먼지가 뒤섞인 거리를,
무엇을 해야 할지, 어디로 가야 할지 아무것도 정해진 것이 없는 오늘 하루를.

신 고 식

비닐봉지에 넣어두었던 양말과 속옷들을 욕실 세면기 안에 털어 넣고 빨래를 한다.
딜리에 도착한 지 만 하루가 지났을 뿐이라 빨래랄 것도 없지만
입을 앙다물고 손을 놀린다.
거리로 향한 발코니 난간에 빨래를 너는 것은
나를 위한 격려, 그리고 이 나라에서 보내게 될 한 달이라는 시간을 향한 선언이다.
길 건너 손수레 옆에 앉아있던 두 청년이 기다렸다는 듯 손을 들어 인사를 건넨다.
"헤이, 안녕. 너 어디서 왔냐?"
그들이 나를 거리로 불러낸다.
아무것도 없는 거리, 일상을 살아가는 사람들만 있는 어수선한 거리,
육중한 크기의 사륜구동차들과 털털거리는 택시들,
하얀색 UN차량이 뒤섞인
섭씨 34도의 뜨거운 거리로.

딜리(Dili) 걷기

익 숙 해 지 다

꼬박 나흘을 거리에서 사는 동안 총알 같은 것은 날아오지 않았다.

하다못해 돌멩이 하나 발밑에 떨어지지 않는다.

건물들은 초라하지만 도시는 평화롭고, 보도는 패인 채로

방치되어 있으나 사람들은 산책하듯 느리게 걷는다.

움직이는 것이라고는 거리를 질주하는 자동차들과

카메라를 목에 건 채 이리저리 눈을 굴리는 이방인의 호기심.

그 호기심마저 속도감을 잃어갈 즈음 나도 그만 이 도시의 붙박이가 되어버렸다.

늦은 아침 호텔을 나와 직선거리 8km 밖에 안 되는 도심의 이 끝에서 저 끝을

어슬렁어슬렁 걷다가 어두워지기 전 숙소로 숨어버리는 이방인.

대신 머릿속에 지도 한 장이 새겨진다.

여기에서 곧장 가면 정부청사, 거기서 쭉 더 가면

호텔 티모르를 지나 대사관 거리.

왼쪽으로 꺾어지면 축구경기장이 나오고

거기서 다시 오른쪽으로 돌면 딜리의 명동.

가는 길에는 스쿠터용 오일을 파는 노점이 있고,

담장 너머로 하얀색 성 안토니오꽃이 자라는 건물이 있고,

맛은 없고 가격만 비싼 케이크 파는 브라질카페가 있다.

그 옆의 벽에는 다섯 살 아이가 그린 것 같은 사람 하나가 서 있다.

그러나 내가 원하는 지도는 없다.

빗나간 예상

발은 어디로 가는지 정확하게 알고 있으나 마음은 길을 잃은 사람처럼 헤매고 있다.
400년이 넘는 포르투갈의 식민 지배, 인도네시아의 폭정, 그리고 짧은 내전.
혹시 상처, 가난, 아픔들을 보게 되리라 예상했었나?
'아무도 돌보아주지 않는 상처들을 보라. 너의 기억 속에 남아있는 흔적들은 그야말로 새발의 피다. 도처에 웅크린 가난을 보라. 눈물과 탄식을 보라.'
그렇게 조금은 과장된 독백을 늘어놓으리라 생각했었나?
나는 마음에 갈고리를 달고, 실눈을 뜨고 과거의 흔적들을 찾고 있지만 악몽에서 깨어나 곱게 얼굴을 씻은 사람처럼 도시는 시치미를 뚝 떼고 있다.
떠나기 전 주워 모은 과거의 정보들을 모두 내려놓자.
내게 필요한 것은 지도가 아니라 나침반이다.
그것이 동티모르의 오늘을 보여주겠지.

해변의 사람들

외로운 남자

오늘 그가 할 일은 그저 이렇게 앉아있는 것.
아무 욕망도 없이 밀려오는 파도를 헤아리는 것.
어딘가로 달려가는 차량들의 소음을 등지고
멀리 아따우로 섬 꼭대기에 걸린 구름이 어디로 가는지 지켜보는 것.
좁고 어두운 일상의 집, 변덕스런 바람이 부는 일상의 바다
그리고 무심한 일상의 소음이 가득한 거리.
그곳에 머무르기.

그 들 만 의 아 지 트

가끔, 아주 가끔 비스킷 한 봉지, 담배 서너 개비,
콜라 한 병이 팔려나가는 작은 손수레.
아버지가, 아들이, 혹은 아들의 친구들이 지키는 먼지 덮인 손수레.
여덟 식구의 밥줄이 걸리고, 때로는 자식들의 공책값이 걸리고,
고향으로 돌아갈 자금이 걸린,
그러나 애써 손님을 부르지 않고, 다가온 손님도 반길 줄 모르는
안쓰럽고도 게으른 손수레.
자리를 옮기는 일도 없고, 손수레의 크기를 키우는 법도 없는
여기는 일터이자 놀이터, 그들만의 아지트.

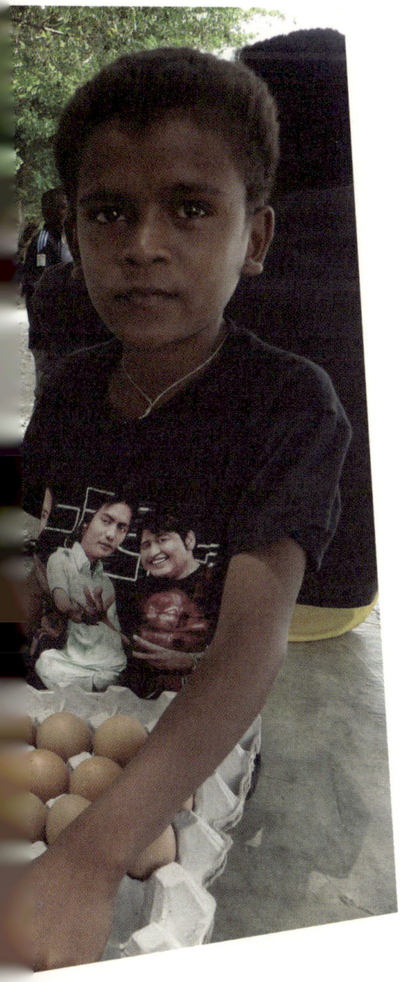

주말의 아르바이트

"오늘 새벽에 엄마가 계란을 삶아주셨어요.
학교에 안 가는 토요일, 일요일에는 딜리 시내를 돌아다니면서 계란을 팔지요.
여기가 제일 장사가 잘 돼요.
오늘은 바람 쐬러 나온 사람들이 많아서 벌써 반이나 팔았어요.
우리 형도 터미널 근처에서 계란을 팔아요.
돈을 모아서 대학에 갈 거래요."

얘야, 네 형이 계란을 많이 팔아서 대학에 가고
부자가 되었으면 좋겠구나.
그래서 네가 더 이상 계란을 팔러 다니지 않아도 되는 날이
어서 왔으면 좋겠구나.

다 정 한 　친 구

- 오늘은 파도가 잔잔하네.
- 응.
- 헤엄쳐서 발리까지 갈 수 있을까?
- 저기 보이는 아따우로까지도 못 갈 걸…….
- 바다 너머 딴 세상이 너무 궁금해.
- 옆집 아저씨가 젊었을 때 인도네시아에서 일했었는데 거기도 여기랑 똑같대.
- 넌 그 말을 믿냐? 늙은이들은 사람 사는 데는 다 똑같다고 하지.
- 난 딜리가 좋아. 내가 태어난 곳이니까.
- 지도를 봐. 세상이 얼마나 넓은 곳인지. 티모르 섬은 잘 보이지도 않아.
- 다른 나라에 가면 뭘 할 건데?
- 몰라. 그냥 구경하는 거지.
- 여기서 파도 구경이나 해. 이렇게 울창한 그늘이 있는 바다는 세상 어디에도 없을 거야.

나들이

남편은 서두르지 않고 그물을 던지고 느릿느릿 그물을 걷는다.
손가락보다 조금 더 굵은 작은 물고기 서너 마리
무심하게 툭 던져주면
하루 종일이라도 기다릴 수 있다는 듯 모래밭에 철퍼덕 앉아있던 아내
환하게 웃으며 자루에 담는다.
큰아들은 아버지를 돕고
막내는 엄마의 다리를 끼고 앉아
물놀이에 바쁜 형과 누나를 구경 중이다.
오늘 이 가족의 저녁 메뉴는 찐 쌀밥에 생선튀김.

빛 나 라　공

뜨거웠던 하루가 저무는 해변의 간이운동장.
하얀 축구공이 하늘로 오른다.
텅 비어있던 공간이 비로소 살아나는 순간
태양도 노을빛을 허락하는데
가로등은 끝내 켜지지 않는다.
발밑은 자꾸만 어두워지고
공이 가는 길을 따라
뛰고 또 뛰는 맨발의 아이들.

새로 산 휴대폰

놀라워라, 티모르텔레콤

아무것도 없는 나라에 통신회사가 있다니.
전체 인구 12만 명의 작은 섬나라도 세계와 하나로 연결되었다.
발렌타인데이 기념 특별 한정판 9.9 달러짜리 핸드폰을 사서
10센트짜리 충전카드를 넣었다. 가입비도 필요 없고 기본요금도 없다.
충전카드만 사서 입력시키면 o.k.
장난감 같은 전화기지만 한국까지 연결되는데 아무 문제없다.
문제는 몇 통화 하지 않아 충전카드를 새로 사야 한다는 것.
10달러짜리 핸드폰에 충전카드는 30달러 넘게 샀다.
충전카드가 끝나도 수신은 가능하다.
국내 통화료는 1분에 20센트 정도.
한 달 수입이 60달러에서 100달러인 사람들이
핸드폰 요금으로 얼마를 쓸 수 있을까?
그래서 사람들은 핸드폰을 주로 게임기로 쓴다.
그리고 거리에는 충전카드를 파는 청년들이 넘쳐난다.
고객은 주로 단기체류 외국인들이다.

REPRESENTATION AND COUNSEL
CR
HARUKA NO SIMU OSAN
IHA NEE
Timor Telecom
Timor Telecom

24

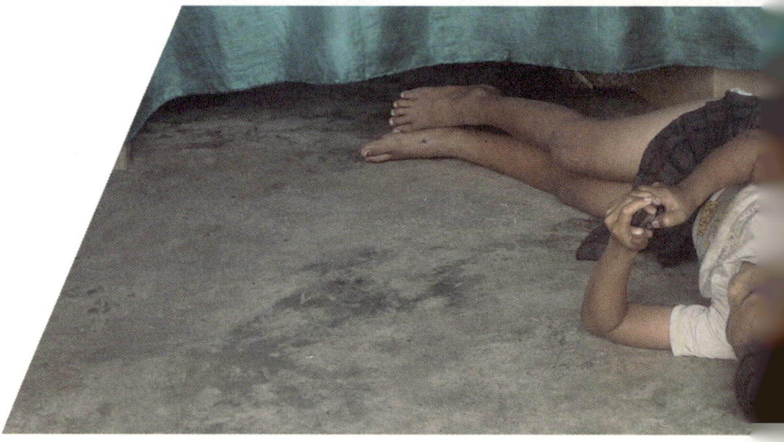

pin 카드 파는 청년들

숙소를 나와 몇 미터만 걸으면 도로변의 공기를 가늠하기도 전,
눈앞에 불쑥 충전카드들이 나타난다.
"플사, 플사!"
고개를 들면 충전카드를 사라는 어린 청년들의 얼굴이 코앞에 와 닿는다.
50센트부터 20달러짜리까지, 다양한 가격대의 충전카드를 부채처럼 펼쳐든 갈색의 손들.
한두 명이 아니다. 어떤 손을 잡아주어야 할까?
그들이 보내는 간절한 눈빛을 마주 볼 수 없어 시선을 땅에 둔 채 고개를 흔든다.
아무에게서도 카드를 사지 않는 것이 차라리 속 편하다.
선택받을 누군가의 미소와 선택받지 못한 나머지들의 쓸쓸한 표정을
목격하게 되는 짧은 순간이 싫은 거다.
아마도 그들은 내게서 돌아서며 이렇게 말하겠지만.
'괜찮아요. 오늘은 친구 것을 사주고 내일은 제 것을 사주시면 되지요.'
여유 있는 사람들은 충전카드식 휴대폰을 쓰지 않는다. 외국인 여행자는
드물고 언제 마련했는지 알 수 없는 충전카드들은 주인의 손 안에서 자꾸만 낡아가고 있다.

소녀의 마음을 빼앗은 것

소녀는 차가운 가게 바닥에 누워 휴대폰을 들여다보고 있다.
그 안에 뭐가 있을까.
카메라 기능도 없고 동영상 기능도 없는 내 것과 똑같은 10달러짜리 핸드폰.
맨발이 아무렇지 않은 순박한 소녀의 마음을 홀딱 빼앗은 기계.
오지 않는 손님을 기다리다 지친 소녀를 게임으로 위로하는 먹통 핸드폰.

질문을 던지다

분리된 세계

거리를 달리는 차량의 소음 속에서 눈을 뜬 아침.
머릿속에 두 개의 세계가 분명하게 떠오른다.
보고 싶지 않아도 인정할 수밖에 없는 두 세계.

피로 얻어낸 2002년 5월의 독립 이후 채 10년이 되지 않는 시간 동안
UN과 강대국의 NGO들은 그들이 살던 세계의 질서를 이 도시에 그대로 옮겨놓았다.
그리고 그들만의 세계를 살아간다. 그들은 분명한 계획이 있는 것이다.

엄청난 매장량의 천연자원을 탐하는 욕망이, 세계의 패권을 쥐고 흔들려는 야망이,
안정과 보호를 가장한 위선이 들끓는 도시는 희망인가, 혼돈인가.

tour & travel
DOMESTIC & INTERNATIONAL FLIGHT
HOTEL RESERVATION & TOUR to BALI
antikatravel@yahoo.com
Kenya Airways
OPEN
UN

UN

STOP
08.00 - 18.00
SEGUNDA - SEXTA
UN
UN
TOYOTA

그 들 의 미 소

대책 없는 답답함을 안고 거리에 나선 이방인을 위로해주는 것은 사람들의 미소다.
눈이 마주친 0.1초 사이에 수줍은 미소를 전해주는 사람들.

'걱정하지마. 우리는 가진 것이 적고 분명 가난하지만 배가 고프지는 않아.
우리는 미래를 걱정하는 대신 이 순간을 즐겁게 보내려고 해.
모든 것이 빠르게 변하고 있지만 그것이 세상의 속도라면 어쩌겠어.
우리를 어리석다고 비난하지만 하늘에 계신 그 분은 우리의 어리석음까지도 사랑하시지.
그러니 걱정일랑 접고 너의 날들을 감사하고 기뻐해.'

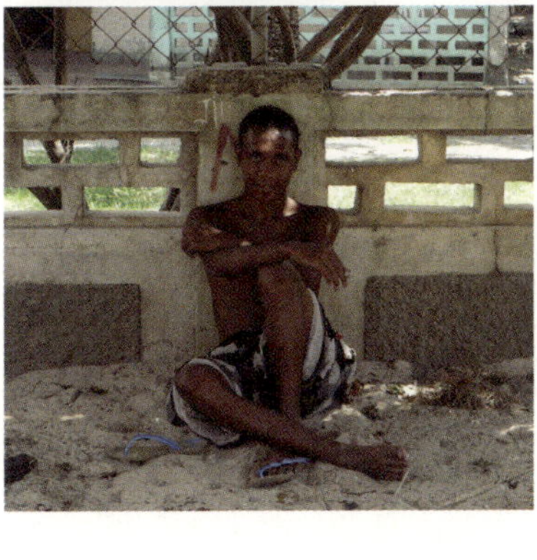

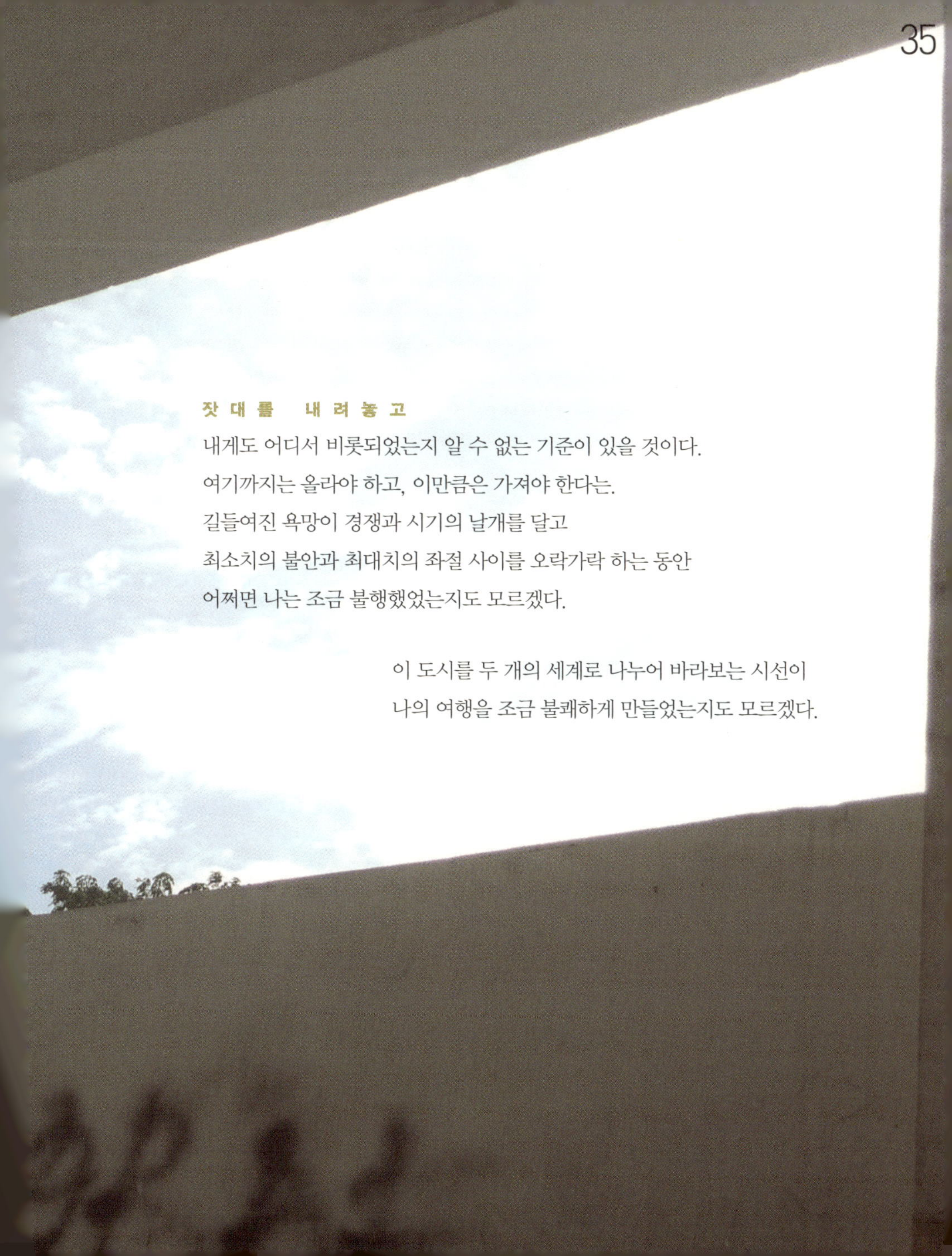

잣대를 내려놓고

내게도 어디서 비롯되었는지 알 수 없는 기준이 있을 것이다.
여기까지는 올라야 하고, 이만큼은 가져야 한다는.
길들여진 욕망이 경쟁과 시기의 날개를 달고
최소치의 불안과 최대치의 좌절 사이를 오락가락 하는 동안
어쩌면 나는 조금 불행했었는지도 모르겠다.

이 도시를 두 개의 세계로 나누어 바라보는 시선이
나의 여행을 조금 불쾌하게 만들었는지도 모르겠다.

반복되는 날들

한계 지점

미크롤렛이나 택시를 타지 않고 내가 두 발로 걸어서 갈 수 있는 서쪽 한계 지점은 한국대사관.

호텔 투리즈모에서 나와 때로는 그늘을, 때로는 인정머리 없는 땡볕 속을 두어 시간 남짓 걸으면 하얀색 2층 건물에 반가운 태극기가 휘날리는 한국대사관이다.

경비실의 아저씨부터 "안녕하세요" 라고 한국말 인사를 건네주니 친정집에 온 기분이다.

시원한 에어컨 바람 속에서 악 소리나게 차가운 캔 콜라를 얻어 마시면

값비싼 호텔 티모르의 라운지 부럽지 않다.

대사관에서 나오면 길은 해안을 벗어나 시내를 관통하는 메인도로와 만나게 된다.

동쪽 한계 지점은 작은 산타나 강의 다리 위.

호텔 투리즈모 근처에 있는 이 다리를 나는 한 번도 걸어서는 넘어서지 못했다.

다리를 기점으로 인도가 사라지고 없는 것은 불길하기 짝이 없는 풍경이다. 좁은 도로를 걸어서 가다가는 쌩쌩 달리는 자동차를 어느 모퉁이에서 만날지 알 수 없다.

그러니까 나의 한계는 시내의 동쪽과 서쪽을 잇는 직선거리 8km, 딱 거기까지.

그리고 안쪽의 끝없는 이면도로들을 이리저리 헤매기.

GAJAL ETTO
JOEL TAIGER
REVELdes

지 쳐 간 다

당신의 잠 속에
지난 과거의 상처와
다가올 미래의 불안 대신
시원한 바람이 불기를.

어디로 가야 할지 알 수 없는 수레
그늘 아래 세워두고
아무 두려움도 부끄러움도 없이
고단한 일상 위에 몸을 누인 그대.

허락해준다면
나도 그만 무거워진 신발을 벗고
당신의 수레 옆에 기대어 쉬고 싶다.

어디로 가야 할지 알 수 없는 오늘
어디로 가면 된다고 아무도 말해주지 않는 내일.

나는 델리를 떠도는 이방의 유령
태양 아래 지쳐간다.

IDA DEIT

두려워지기 전에

나흘째 델리를 벗어나지 못하고 있다.

낮 동안 가로 8km, 세로 2km의 어항 속을 뻐끔거리며 다니다가 해가 지면 다시 네모난 호텔 방으로 기어들어가 맥주 캔 두 개에 의지해 잠을 청하는 날들의 연속이다.

동티모르에 오기 전 가이드를 부탁했던 리토는 아직 휴가에서 돌아오지 않았다.

친구의 소개로 알게 된 리토와는 이메일만 주고받았을 뿐 얼굴도 모른다.

그가 일하는 NGO 사무실에 전화를 걸어 그의 상사인 루이스와 통화하고 휴대폰 번호를 알려준 후 무작정 기다리고 있다.

루이스는 내 짧은 영어를 알아듣기는 했을까?

나는 왜 리토를 만나지 못했을 때를 대비하지 않았을까?

'무작정 시외버스를 잡아타고 어디로든 갈 테다!'

주먹을 불끈 쥐어보지만 모든 버스는 각 지방과 딜리 사이만을 오고 갈 뿐 각 지방과 지방을 연결하는 버스는 없다. 지방과 딜리를 오가며 길 위에서 살고 싶지는 않다.

리토를 만나고, 차를 빌리고, 그와 함께 전국을 돌아야 한다.

그러나 리토는 오지 않는다. 이러다 딜리의 뚜벅이가 되어, 어느 날 TV에 출연하지 않을까?

딜리 시내의 한국인 노숙자, 그녀가 사는 법.

한국을 떠나오기 전 내가 가지고 있던 유일한 계획이 침몰하는 무시무시한 광경을 상상하며 나는 잠이 든다.

가난한 예술가들의 집
아르떼 모리스

갤러리 구경

동티모르의 예술가들이 모여 창작활동을 하는 공간 아르떼 모리스.

일요일의 아르떼 모리스는 예술가들 대신 지난 밤 내린 비와 함께 알에서 깨어난 모기들이 왕성한 생명 활동을 하는 중이다.

말라리아 예방약을 먹고는 있지만 낮에 주로 활동한다는 댕기는 예방약도 없다.

머릿속으로 댕기 걱정을 하는데 갤러리의 작품들이 눈에 제대로 들어올 리 없다.

동티모르의 역사를 고스란히 말해주는 크고 작은 그림들이 변변찮은 조명의 초라한 갤러리 벽면을 가득 메우고 있지만 나도, 탐방객들도 눈으로는 작품들을 보며 모기 퇴치 스프레이를 찾아 뿌리느라 바쁘다.

그림 속에서 죽어가는 동티모르 민중의 상처와 모기에 뜯긴 관람객의 괴로움이 난무하는 갤러리. 일단 나는 가려움 때문에 돌아가실 지경이다.

화 가 의 방

갤러리를 나와 조심스레 들여다본 화가들의 작업 공간.
이제 막 화가의 길에 들어선 젊은이들의 방은 어두운 색으로 가득하다.
포르투갈의 착취와 인도네시아의 폭정을 그린 갤러리의 작품들도 이렇게 어둡지는 않았다.
어렵게 쟁취한 독립의 기쁨을 그린 작품들도 많았다. 동티모르의 상징인 악어를 표현한 작품은 강하고 화려하다.
그러나 이 젊은 화가들의 작업실에는 막막하고 슬픈 동티모르의 오늘이 담겨 있다.
레게 음악이 흐르는 방. 모기에 뜯긴 팔뚝에 소름이 돋는다.

투쟁하는 영혼의 상징 밥 말리가 벽에 기대어 노래하고 있다.
답답하고 어두운 방. 창 밖에는 태양이 떠올랐지만 고개 숙인 인형은 어디로도 갈 수가 없다.

누군가 콩가를 두드리며 밥 말리의 노래 〈No woman no cry〉를 불러준다면
나도 그만 주저앉아서 맘 놓고 울 수 있을 것 같다.
저 인형은 창밖의 세계를 알고나 있지.
나는 딜리를 벗어나 무엇이 기다리고 있을지 알 수가 없답니다.
이 도시보다 몇 배는 험하다는 곳.
그렇다면 도대체 그곳에는 사람이 살기나 하는 걸까요?

슬픈 자화상

"토요일과 일요일에는 작업을 하지 않아요.
물감이 떨어지면 며칠씩 작업을 중단해야 하지요. 동티모르에서는 물감을 구할 수가 없어서 인도네시아에 주문해서 쓰거든요. 지금도 작업을 멈추고 있어요.
남아있는 물감으로 무엇이든 해봐야지요."

열아홉 살의 펠레는 기타를 튕기고 있는 친구 난도를 부러운 시선으로 바라본다.
난도는 기타 하나로 충분한 듯 보인다. 게다가 클럽에서 연주하며 돈도 번다.
하지만 새내기 화가인 자신의 그림을 사주겠다는 사람은 별로 없다.
펠레는 스스로를 위로하며 자화상을 그린다.

아르수 아저씨
차라리 울어버려요,

우연한 만남

그는 반쯤 열려진 대문 앞에 앉아있었다.

얼핏 보기에도 무시무시한 문신이 팔뚝에 가득했고 인사를 건네기 전까지 그의 눈길은 45도 각도로 내려가 있었다.

생수 한 모금을 털어 넣으며 숨을 돌리는데 길가에 그가 있었던 것이다.

기다란 그의 손톱을 보는 순간 발이 얼어붙었다.

나와 눈이 마주친 뒤라 그냥 등을 돌려 버릴 수도 없었다.

"안녕하세요"

"……일본인인가?"

"아니요. 한국에서 왔어요."

"아, 그 축구감독 김신환의 나라!"

"네. 맞아요. 축구 좋아하세요?"

"그럼. 동티모르 사람들은 모두 축구를 좋아하지."

조폭 뺨치는 크기의 문신들과 괴기스럽기까지 한 손톱을 가진 아저씨는 더듬거리지도 않고 영어로 말한다.

그의 이름은 아르수 다 코스타.

아르수 아저씨는 자세 한번 고쳐 앉지 않고 얘기를 시작했다.

옛날 얘기 하나 해줄까?

"내 고향은 로스팔로스야. 거기서 경찰로 근무했지.

1976년 인도네시아가 침공했을 때 싸우다가 여러 군데 총상을 입었어. 그 후 산으로 피신했지.

돌아와 보니 내 어머니가 죽임을 당했어. 내가 경찰이었다는 게 이유였지. 아내는 어디론가 떠났고.

나는 다시 산으로 숨어들어 갔어. 그리고 1989년에 친척들이 죽임을 당했지.

내가 산에서 게릴라로 활동하는 게 이유였을 거야.

이제 동티모르는 독립을 했고 지금 나는 동생네 집에 얹혀살고 있어.

내 동생 바딜리오는 한국에서 일하기도 했어. 지금은 돌아왔지만."

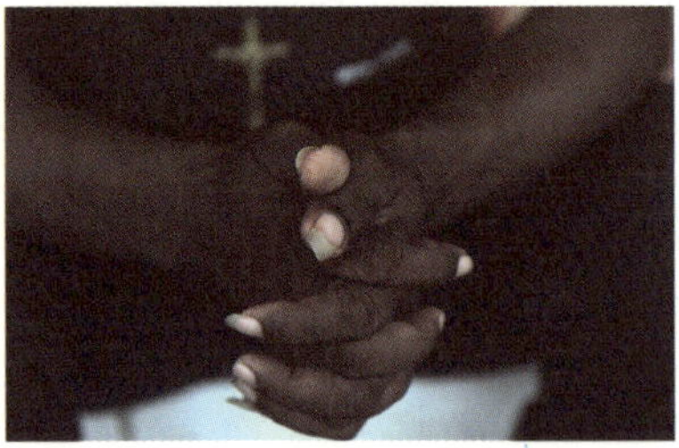

외로운 영혼

흔들리지 않는 눈,

때로는 희미하게 웃는 눈,

그러나 젖어있는 눈.

아르수 아저씨의 목소리는 귓가를 스쳐가고

그의 눈이 모든 얘기를 전해주었다.

여전히 30여 년 전의 과거에 살고 있는 듯

아프게 살아 움직이는 눈동자.

차라리 울어주었으면 싶은 터질 듯한 슬픔은

그러나 과거가 아닌 현재에 더 가까이 있다.

아저씨는 외로운 것이다.

지금 그의 곁에는 아무도 없다. 동생에게 그의 존재는 아마도 짐일 것이고

아저씨도 그것을 알고 있을 것이다.

자신 때문에 어머니가 죽었고 아내가 떠나갔고 친척들까지 죽었다.

가진 것이 없으니 고향으로 갈 수도 없고, 아픈 기억만 있는 고향에는 반겨주는 이도 없을 것이다.

얘기를 나누는 사이 반쯤 열어두었던 문이 닫혀버렸다. 아르수 아저씨가 힘껏 문을 잡아 당겼지만

문은 열리지 않았다. 문을 두드려도 안에서는 아무 기척이 없다.

그는 그렇게 문 밖에 남겨져 버렸다. 신발도 없이 양말만 신은 아르수 아저씨.

그는 어디로 가야 하는 것일까?

어쩔 수 없는 선택들

드디어 리토를 만나다

마른 식빵, 설탕의 비율이 지나치게 많은 잼과 과일. 오렌지 주스에 커피가 반복되는 아침식사 앞에서 한숨을 쉬고 있는데 리토에게서 전화가 왔다.

한 달 동안의 긴 휴가를 마치고 어제 돌아왔단다.

한 달의 휴가를 마친 남자와 한 달의 여행을 시작도 하지 못한 여자의 감격적인 만남이 이어졌다.

신상조사부터.

그는 변호사이고 네덜란드에서 온 아내와의 사이에 15개월 된 아들이 있다.

그의 가족은 휴가 동안 네덜란드와 싱가포르, 인도네시아를 여행했다.

내가 딜리에 와서 만났던 사람들과는 격이 좀 다르다. 이른바 하이 클래스, 성공한 동티모르인이다. UN 소속으로 일하는 네덜란드인인 그의 아내 덕도 조금 있을 것이다.

그가 일하는 NGO는 동티모르의 자발적인 단체가 아니고 오스트레일리아에서 파견한 법률자문단체다. 그는 엄연한 직장인이고 오스트레일리아로부터 월급을 받는다.

여기서부터 문제가 시작되었다. 나는 리토가 좀 더 자유로운 상태일 줄 알았던 것이다. 한국에서 이미 리토의 상관인 루이스와 통화까지 마치고 가이드를 할 수 있다고 했었는데 막상 리토를 만나니 그는 난감한 표정을 짓는다. 휴가에서 돌아온 그의 한 달 스케줄이 이미 꽉 차 있다는 거다.

내일의 걱정은 내일로

루이스를 만나기 위해 사무실로 갔다. 한참을 기다린 끝에 만난 루이스는 정확한 일정을 얘기해주지 않아 어쩔 수 없었다고 한다. 그러니까 내 탓이라는 거지.

일주일 정도면 모르겠지만 보름이 넘는 시간은 안 된다, 그의 일정은 오스트레일리아까지 보고되고 있다, 미안하다.

나도 미안하지만, please!

아무런 확답도 듣지 못한 채 기운을 빼고 사무실을 나서는데 뒤따라오던 리토가 어깨를 으쓱하며 'I'm sorry' 를 연발한다. 그리고는 얼굴을 활짝 펴며 오늘까지는 쉬는 날이니 함께 가자고 한다.

"자, 어디로 갈까?"

"아무데나, 네가 보여주고 싶은 곳으로"

델리 시내는 이제 너만큼 알고 있거든. 나는 너랑 지방을 돌아다니고 싶었던 거라구.

아, 정말 제기랄이다. 그러나 리토의 얼굴을 보면 웃을 수밖에 없다. 그도 천상 동티모르 사람. 낙천적인 거다.

내 마음이 썩어 문드러지는 순간, 어떻게든 될 거야, 걱정 마, 웃는 그의 얼굴이 나를 위로해주는 것이다. 잘생긴 그의 얼굴도 한몫 한다.

동티모르 순례 1번지, 산타크루즈 공동묘지

산타크루즈 공동묘지로 향했다. 리토를 만나면 함께 가려고 남겨두었던 곳 중 하나다. 두고 온 연인도 아닌 이 남자를 목이 빠져라 기다리며, 동티모르에 도착하는 여행자라면 가장 먼저 가 보아야 할 이 곳을 나는 소중하게 간직하고 있었던 셈이다.

산타크루즈 공동묘지는 아픔이 서린 곳이다. 이곳에 묻힌 독립운동가 '세바스티앙 고메즈'의 죽음을 애도하던 시민들에게 인도네시아 군인들이 무차별 총격을 가한 '산타크루즈 대학살'로 동티모르의 독립 열기가 전 세계에 전해질 수 있었다.

길조차 없을 만큼 빽빽하게 들어 찬 크고 작은 묘지들 사이에 고메즈의 무덤이 있었다. 아무런 안내표시도 없는 무덤에 세바스팅앙 고메즈라는 이름만이 선명한 십자가가 세워져 있다.

산타크루즈 공동묘지 앞에서 죽어간 시민들의 시체는 어디론가 실려가 버려졌고, 그 중 100여 구의 시체를 찾아냈지만 실종자는 2천여 명에 이른다.

그들의 소풍

리토와의 만남을 기다리며 남겨둔 또 하나의 장소는 인도네시아가 세운 예수상.

1976년 동티모르를 무력점령하며 세운, 세계에서 두 번째로 큰 예수상이다. 가장 큰 것은 브라질의 리우데자네이로에 있다.

이슬람 국가인 인도네시아가 카톨릭을 믿는 동티모르인들을 생각하는 척하며 세운 위선의 상징이니 벌써 철거되었어야 할 것 같지만 누가 세웠는지는 중요하지 않다며 그냥 두었다.

철거하려고 해도 그 크기가 어마어마해서 어쩔 수 없다.

그리고 무엇보다 '누가 너의 오른뺨을 치거든 왼쪽 뺨마저 내어 주라'는 용서의 전언을 남긴 예수님을 믿는 사람들이 아닌가.

총을 겨눈 군인들은 미워도 인도네시아를 미워하지는 않는다고 말하는 사람들.

그들은 가족의 손을 잡고 인도네시아가 만든 계단을 따라 파투카마봉에 오르고, 인도네시아가 만든 예수상 아래서 확 트인 바다를 감상할 뿐이다.

다시 안녕

예수상이 코 앞에 보이는 해안에는 고급 식당들이 있다. 주로 UN이나 NGO의 직원들이 이용하는 곳이라고 한다. 메뉴당 가격이 15달러 정도. 아침은 호텔에서 공짜로 주는 초간단 조식 뷔페로, 점심은 대충 건너뛰고, 저녁은 햄버거에 맥주로 때우다가 고가의 메뉴판을 받아들고 보니 목이 콱 막힌다.

기다리고 기다리던 리토를 만났는데 이 정도는 감수해야겠지.

신선한 기름으로 볶은 것이 틀림없는 볶음밥에 망고 주스까지 마시고 나자 리토가 말한다.

"이제 뭘 할 거야? 나는 아내랑 아들 데리고 수영장에 가야 하는데……."

긴 여행에서 돌아온 지 하루 밖에 안 되었는데 수영장에 가면 힘들지 않겠냐고 놀란 얼굴로 물었지만 문제 없단다. 자기는 매우 매우 건강하다고.

리토와의 짧은 만남이 끝나고 무척이나 건강한 나도 다시 거리를 방황해야만 했다.

누군가를 따라다니는 것보다는 자유롭게 다니는 편이 훨씬 적성에 맞는 일이기도 하다.

그렇게 생각하기로 한다.

나 또한 그들처럼

비 오는 거리에서

비는 그칠 듯 그칠 듯 그치지 않는다.

축구경기장 앞 병원 로비에서 비를 피한 후 다시 걷기 시작했을 때도 가는 빗방울이 얼굴 위로 떨어진다. 그러나 늘 괴롭히던 태양이 가려진 거리는 만족스러울 만큼 시원하고 숙소로 가는 길도 멀지 않았다.

콧노래라도 부를까 하는데 등 뒤에서 말발굽 소리가 요란하다. 뭘까? 비행기라도 지나가는 건가 싶어 뒤를 돌아보았지만 무거운 하늘은 아무것도 보여주지 않는다. 거센 빗줄기보다 먼저 온 소리. 산 아래로부터 빗줄기가 쫓아온 것이다.

힘껏 달려 길모퉁이 식료품 가게 처마 밑으로 겨우 피해 들어간 순간, 눈앞으로 소나기가 쏟아진다.

차들이 무엇엔가 쫓기듯 급히 달려가고 거리는 적막에 휩싸였다.

'꼼짝없이 갇혔구나.'

오도가도 못하는 사이 빗줄기는 더욱 거세어지고 거리는 순식간에 물바다가 되고 말았다.

'진짜 살 수 없는 곳이군. 이러다가는 가게 안까지 물이 들어차겠는데…….'

걱정하며 가게 안을 들여다보았지만 가게 안의 사람들—아버지와 엄마, 그리고 아들로 보이는—은 아무렇지 않은 얼굴이다. 간간히 아저씨가 쓰레받이를 들고

나와 인도에 고인 물을 도로 쪽으로 쓸어낼 뿐이다. 그리고는 나를 보며 씨익 웃는다.

'뭐 이러다가 말 거야' 그런 표정이다.

얼굴에 걱정스런 주름을 가득 담은 사람은 나다.

몹쓸 상상에만 힘을 발휘하는 나의 뇌리에 빗물이 바다가 되고 다시 해변의 바닷물과 합쳐지는 그림이 스쳐간다.

제발 그쳐라, 이제 그만. 이러다가 허술한 건물들 다 떠내려가겠다.

그때 한 무리의 청년들이 걸어간다. 맨발이다. 샤워라도 하는 사람처럼 시원한 표정이다.

반대쪽으로도 보란 듯이 아가씨들이 지나간다.

차라리 나도 걸을까? 잠시 고민하다가 한 켤레뿐인 운동화 생각에 그만 포기했다.

환호성까지 지르며 도로 위를 걸어가는 사람들. 그들은 옷이 젖는 것도, 맨발이 다치는 것도 걱정 말라고, 하늘이 주는 축복의 비를 온몸으로 맞아보라고 자꾸만 나를 유혹한다.

카메라만 아니라면 나도 뛰어들고 싶다, 그대들의 파티 속으로.

그대들이 느끼는 자유, 그대들이 지어내는 미소를 나도 갖고 싶다.

마 침 내　자 유

비는 그치고 넘쳐나던 물은 제 갈 길로 쓸려가고 거리는 무슨 일이 있었냐는 듯 말짱한 얼굴로 다시 돌아왔다.
나는 슬그머니 운동화를 벗는다. 카메라를 핑계로 물러나 있던 욕망이 명치끝에서부터 목구멍까지 심하게 요동친다.
젖은 거리 위에 발을 내딛는 순간, 종아리를 거쳐 가슴을 지나 정수리까지 물줄기 하나가 솟구친다.
너는 몰랐던 거니, 무엇이 너를 살아있게 하는지?
네 자신을 스스로에게 증명하기 위해 필요한 게 무엇인지.
바보 아냐?

A/C
SERVICE
SUPPLY
INSTALL

물웅덩이를 지나, 주택가의 도랑을 지켜보던 사람들을 카메라에 담고, 횡단보도를 건너, 늘 마주치는 ANZ 은행의 경비원 아저씨들과 인사를 나누며 나는 느리고 느리게 걷는다.
발바닥을 감싸고 있던 운동화를 벗듯 간단하게, 눈앞에 드리워져 있던 얇은 장막 하나 스윽 거두어지는 순간.
어둠이 내리고 있지만 그 어느 때보다 내 마음이 환하다.
그리고 내일 아침 델리를 벗어난다.

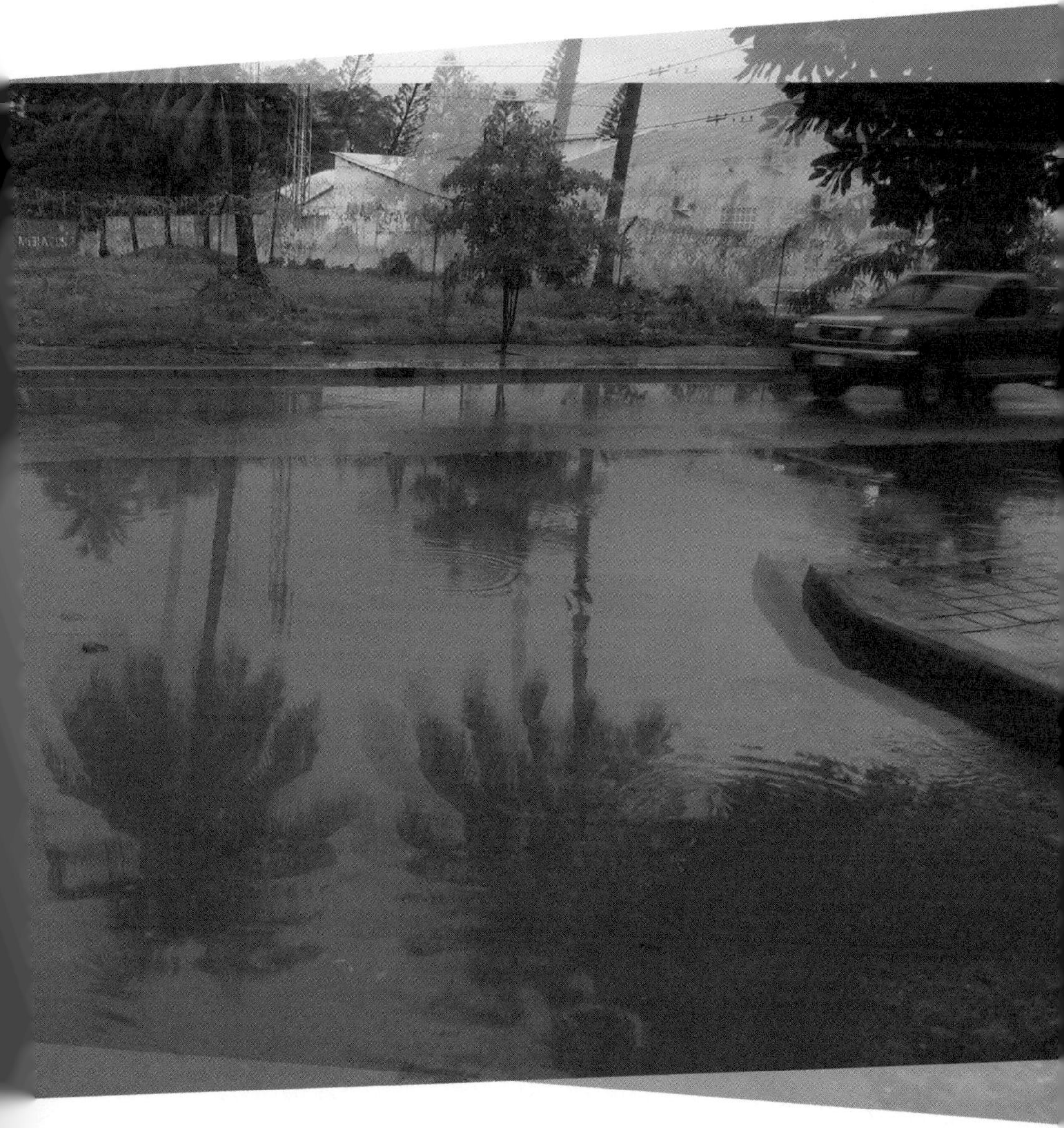

Photographer | 정일호

Photographer | 정일호

Photographer | 정일호

East Timor
KOREA SPORTS
SUPAME

Photographer | 정일호

Photographer | 정일호

둘, 존재하는 그대로

의심하지 말 것
판단하지 말 것
투명하게 바라볼 것
애써 사랑하려 들지 말 것
천천히 스며들 때까지 기다릴 것

딜리 탈출

오랜 기다림

확신 없는 기다림 속에 내가 나를 가두었던 시간들을 보내고,
이제 그만 욕심을 버리고 아무데로나 가버리자고,
알차게 한 달을 보내리라던 계획을 포기하며
딜리 안에서만 맴돌다가 너덜너덜해진 수첩을 확 집어던진 순간,
리토에게서 연락이 왔다.
상관인 루이스가 딱 3일을 허락했다고, 그래도 괜찮겠냐고.
이것저것 잴 일이 아니다.
OK. No problem, Thank you!

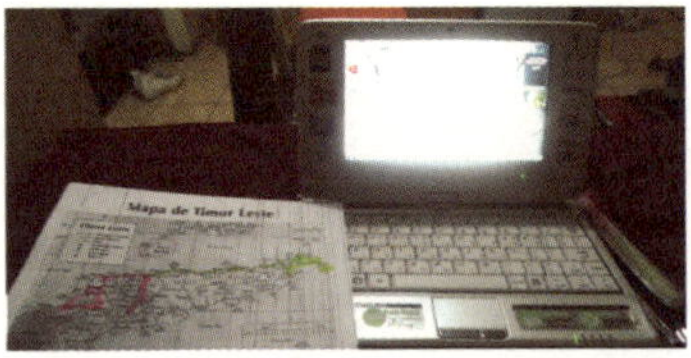

국경을 향해

딜리를 벗어난다.

안타깝기도 하고 유쾌하기도 했던 도시.

클랙슨 소음에 파도 소리가 묻혀버리는 도시.

L.A. 담배 냄새로 찌든 선한 사람들의 도시.

이 도시는 백만 년 만에 비로소

나에게 길을 보여준다.

국경 평화로운

국경마을 바투가데

동티모르와 인도네시아령 서티모르와의 경계선이 시작되는 국경마을 바투가데(Batugade).

간이 사무소에 여권과 신분증을 맡기고 1km 정도 걸어가면 서티모르다.

군인들이 총을 들고 삼엄한 경비를 서고 있으리라 예상했던 국경은 아이들의 놀이터.

총 든 군인 대신 자랑하듯 아랫도리를 내보이며 손가락을 치켜세우는 아이들이 식겁하게 만든다.

이 녀석들, 쫓아가서 뒤통수라도 한 대 갈겨주고 싶지만 바닷물에 젖은 채 물고기처럼 반짝이는 얼굴을 보니 그만 웃음이 피식 나온다.

이 아이들이 남성우월주의를 알겠는가, 성희롱을 알겠는가.

그저 이국의 여자가 놀라자빠지는 모습을 보고 싶은 모양인데,

그렇다면 잘못 짚었다.

내 나이가 네 엄마보다 많을 걸?

무의미한 경계

작은 실개천을 가로지르는 다리 위에 노란선을 그려놓은 것이 전부인 국경에 실망 아닌 실망을 하는 것은 남북으로 갈라진 한반도의 남쪽에서 철조망과 지뢰표시로 국경을 각인시킨 까닭이리라.

오랜 세월 전혀 다른 두 개의 나라로 살아왔던 동티모르와 서티모르.

하나의 섬이 두 개 나라로 분리되어 있는 것은 엄연한 현실이지만 서티모르는 인도네시아의 한 주(州)일 뿐. 그 둘 사이에 유대의 끈은 없다.

대신 그 자리에 생업을 일구는 사람들의 터전이 들어서 있다.

인도네시아에서 수입되는 물건을 실은 트럭이 드나들고, 손수레에 물건을 옮겨 실으려는 손님을 기다리는 청년들이 그늘 아래에 모여 있다.

아이들에게도 국경은 그저 한 줄의 노란 선일뿐.

여권도 없고 비자도 없는 아이들은 유유히 국경을 넘어

동티모르의 바다에서 한나절 실컷 놀다가 다시 서티모르로 돌아간다.

아이들에게 국경은 집으로 가기 위해 실개천을 건너는 작은 다리일 뿐이다.

진정한 국경은 더 이상 앞으로 나아갈 수 없는 한계가 아니라 또 다른 세계로 가는 문의 표상일 뿐이다.

국 경 을 벗 어 나

1976년 인도네시아가 동티모르를 침공할 때 이 바다를 통해 들어왔다. 그리고 오스트레일리아의 기자들이 비밀 작전을 취재하기 위해 보트를 상륙시킨 곳도 여기다.

하늘이 바다빛을 닮아가고, 바다가 하늘빛에 물들어가는 하오의 바다는 피로 물들었던 과거의 흔적들을 삼켜버린 지 오래.

사람들도 자연의 가르침대로 그저 오늘만을 산다. 그렇게만 살아도 되는 것을 이방인은 무슨 심보로 아프지 않냐고, 괜찮은 거냐고 들쑤시려 했을까?

타인의 아문 상처를 찔러 피를 확인하려는 천박한 호기심을 이제 그만 거두련다.

상처 위에 자라난 건강한 새살을 있는 그대로 만나련다.

길에서 만나는 죽음들

알 아 두 기

돌무더기 위에 꽃가지 하나 꽂아두기.
도로 한가운데의 돌무덤은
오늘 어느 집에서 죽은 영혼을 하늘로 올려 보내고 있다는 표시다.

운전하던 리토가 갑자기 차를 멈추었다.
도로변의 어느 집에서 장례를 치르고 있었는데 마침 아는 친구가
이 동네에 살고 있어 장례를 거들고 있는 중이었다.
리토가 친구와 얘기를 나누는 사이 집 마당으로 살그머니 들어가 보았다.

부엌에서는 잡혀 온 돼지 한 마리가 순식간에 고깃덩어리들로
해체되고 있고
천막 안에는 손님들을 위한 의자들도 놓여있다.
검은 옷을 입고 검은 수건을 두르고 어두운 표정으로
마당을 내려다보고 있는
여인들만 아니라면 잔칫집인지 초상집인지 분간이 안 될 것 같다.

집 안에서 신부님의 장례 미사가 진행 중이다.
커튼으로 햇빛을 막아 어두운 집 안에는 사람들이
고개를 숙인 채 말없이 서 있다.
나는 더 이상 가까이 가지 못하고 마당만 맴돌았다.
어린 죽음도 아니고 비명횡사도 아니고
천수를 다한 편안한 죽음이지만
객이 오래 머무는 것은 예의가 아니다.

묘 지 를 장 식 하 는 사 람 들

일 년 전에 돌아가신 아버지는 독실한 가톨릭 신자셨어요.
이 성당 앞에 무덤을 만들어 달라고 유언을 남기셨지요.
그때는 돈이 없어서 무덤을 장식할 수가 없었어요.
1년 동안 돈을 모아서 이렇게 묘지를 새로 꾸미고 있답니다.
아버지가 원하시던 모양, 좋아하시던 색깔로
정성들여 꾸밀 수 있어서 기뻐요.
우리는 집안을 장식하듯 묘지를 가꾸지요.
돌아가신 아버지에게는 이 무덤이 곧 새로운 집이니까요.

길 위에 잠들다

또 차를 멈추었다.

딸을 잃은 어머니와 아내를 잃은 남편, 엄마를 잃은 어린 아이들이

촛불이 켜진 무덤을 둘러싸고 있었다.

십자가에 표시된 연도를 보니 너무나 젊은 여인이다.

그녀는 집 앞 도로에서 자동차에 치여 숨졌다.

길에서 죽은 사람은 길 위에 묻힌다.

영혼은 아무데로도 가지 않고 그곳에 머문다.

예기치 않은 죽음, 원치 않았던 죽음들은,

언덕길의 굽어진 모퉁이, 부서진 콘크리트 포장 도로 한 켠이 새로운 안식처인 셈이다.

살아있는 사람들은 안타까운 죽음들을 그렇게 끌어안은 채 살아간다.

영혼은 그래서 외롭지도 슬프지도 않다.

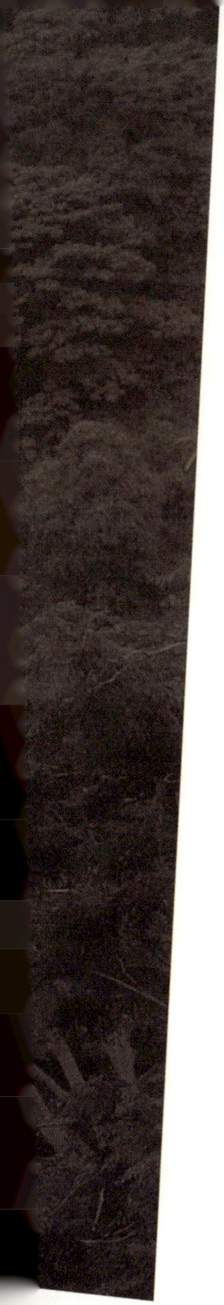

단 하나의 길을 따라

끝없는 외길

발리보(Balibo)로 가는 길은 좁고, 굽어지고, 패였다. 선택의 여지가 없는 이 유일한 산길로 지붕까지 짐을 실은 버스가 다니고 사람과 물건들을 한 덩어리로 태운 트럭들이 오르내린다.

학교를 마치고 돌아가는 아이들이 한 줄로 서서 걸어간다. 땔감을 머리에 인 여인들이 지나간다. 거칠지만 사람 냄새가 배인 길이다.

가파른 산자락 한 귀퉁이에 간신히 터를 잡은 소박한 집들을 만나고 마당에 나와 앉아있던 아이들을 만나며 굽이치던 길이 평탄해질 즈음 발리보에 도착한다.

1975년 인도네시아의 동티모르 침공 사태를 취재하던 오스트레일리아 기자들이 살해된 사건이 이곳 발리보에서 발생했다. 이 사건은 〈발리보〉라는 제목의 영화로도 만들어졌는데 안타깝게도 보지는 못했다.

역 사 의   현 장   발 리 보

발리보의 마을회관의 벽에는 오스트레일리아 기자들의 사진들이 걸려있고 책상 위에 방명록과 모금함이 놓여있다. 촛불은 꺼져버린 지 오래다.

진실을 알리기 위해 목숨을 걸었던 기자들의 모습과 함께 게릴라 활동을 하다 숨진 동티모르인들의 사진도 걸려있지만 나머지 벽은 아무런 전시물이 없이 썰렁하다. 안쪽의 작은 방들도 텅 빈 채 초라하지만 방명록을 보니 동티모르를 찾는 외국인들이 남긴 흔적들이 빼곡하다.

나도 방명록 끄트머리에 이름을 남기고 모금함에 1달러를 넣었다. 관광지라고 내세울 곳 하나 없는 나라에서 그나마 발리보는 소중한 관광자원 중 하나인 셈이니까.

내가 꿈꾸던 길

다시 길 위에 오른다. 평탄할 것 같던 길은 아슬아슬한 산등성이로 이어지고 몸은 이리 쏠리고 저리 쏠리는 비포장길의 리듬을 익혀간다.

끊어질 듯 끊어질 듯 이어지는 길. 마주 오는 자동차들이 있는 걸 보면 그들이 지나 온 길이 우리 앞에도 열릴 것이 분명하다.

헤맬 걱정이 없는, 험하지만 안전한 길이다.

수많은 갈림길과 이면도로에서 길을 잃었던 나는 늘 하나의 길을 꿈꾸었다.

막다른 골목에서 돌아나오고 선택의 순간마다 한참을 서성거렸던 나는 아무런 망설임도 후회도 없는 단 하나의 길을 꿈꾸었다.

내가 나를 다그치지 않아도 되는, 어떠한 의혹의 시선도 없는 분명한 길.

말짱한 얼굴로 웃고 있어도 실은 지쳐있었나 보다. 빈 손바닥을 툭툭 털며 좀 돌아가면 어떠냐고 의기양양했었나 보다.

위험한 길을 가는 마음이 구름 위를 걷는 듯하다.

시간이 흘러가는 모습

느리게 움직이는 거리

늦은 오후의 도시는 약간 지쳐있는 듯 보인다. 국경지역 최대의 도시 말리아나(Maliana).

그림자가 길어진 거리는 사람들보다 먼저 하루의 끝을 기다리고 있다.

북동쪽 바우카우에서 출발해 남쪽의 수아이를 거쳐 말리아나까지 멀고도 먼 길을 달려 온 시외버스가 지친 몸을 쉬고 있고 윤기 흐르는 오토바이들도 얌전히 주인 곁을 지키고 있다.

다리품 없이 차를 타고 이리저리 흘러 다녔던 나도 이유 없이 지쳐서 터벅터벅 휑한 거리를 걷는다.

열정이 전염되듯 피곤함도 전염이 되는가 보다. 시멘트 조각이 떨어져 나간 낮은 담벼락에 기대어 집으로 돌아가는 사람들을 바라보자니, 저들을 쫓아가면 어느 한 귀퉁이 쉴 만한 자리가 있지 않을까 엉뚱한 상상이 따라온다.

저무는 오후의 장터

그래도 시장 안에는 여인들이 남아있다.

채소가 마를까봐 물을 뿌리며 자기의 물건이 더욱 싱싱해 보이도록 애쓰는 여인, 흐트러진 토마토 무더기를 정리하는 여인.

아침에 바쁜 일이 있었는지 늦은 장보기에 나선 여인, 아이들에게 입힐 교복을 고르는 여인.

가끔 노인들이 굽은 허리를 하고 물건을 지키고 있기도 하지만 역시 시장은 여인천하다.

마늘, 작은 양파에 미나리, 고추, 두부까지 한식 상차림도 가능할 듯 보이는 식재료들을 보니 우리나라 시골 장터에라도 온 듯 정겨운데 다른 것이 있다면 여인들의 대화하는 목소리가 거의 들리지 않는다는 것. 물건 주인도 손님도 속삭이듯 대화를 주고받는다. 상인들끼리도 나란히 앉아있기는 하지만 눈과 입가에 미소만 머금은 채 거의 말이 없다.

아줌마에게 수다가 없다? 상상할 수 없다. 이 여인들은 무슨 낙으로 사는가?

향기에 중독된 여인들

동티모르의 노인들은 거의 모두 부하(buha)를 씹는다. 간혹 산간 오지에서 부하를 씹는 젊은 사람들을 볼 수도 있지만 부하는 사라지고 있는 동티모르의 전통 생활습관이다.

깻잎처럼 생긴 잎사귀에 말린 부하 열매와 하얀 가루를 섞어 껌처럼 씹는다, 거의 하루 종일. 좋은 향기가 나고 치아건강에도 좋다고 믿고 있지만 입안이 온통 붉게 물들고 치아까지 붉게 변해 삭을 정도다.

할머니 한 분이 내게 부하를 건네신다. 먹는 걸 거절하는 것은 예의가 아니지만 차마 입에 넣지는 못하겠다. 내가 손사래를 치니 모여 있던 할머니들이 입을 가리고 웃으신다.

당신들도 붉은 치아가 부끄러운 모양이다. 그래도 중독성이 강한 부하는 가난한 일상에 유일한 사치이자 즐거움.

옛날 우리 할머니들이 허리춤에 차고 다니던 담배쌈지처럼 그녀들에게도 부하쌈지가 있다.

심심할 때, 친구를 만났을 때 그녀들의 부하쌈지도 여지없이 열린다.

길모퉁이에 모여 앉아 지루한 시간들을 씹고, 성격 고약한 남편들을 씹고, 붉은 부하물과 함께 가슴에 고인 슬픔도 모두 뱉어내는 것이다.

혹 동티모르를 여행하다 길바닥에 흩어진 붉은 자국을 보고 놀라지들 마시라. 고된 인생을 살았던 노인네들이 잠시 쉬다 간 흔적이다.

내가 바로 그 아이

하루 종일 거리를 지키던 사람들은 여전히 거리에 앉아있고, 하루 종일 당구장에 있던 사람들은 여전히 당구장을 지키고 있다. 아마 내일도 그럴 것이다. 여인들은 장터에 남자들은 거리와 당구장에.

속으로 투덜투덜 하고 있는데 누군가 인사를 건넨다.

"안녕하세요."

아, 이것은 서툰 한국말이다.

"감사합니다."

반색하는 내 얼굴을 보자 한마디 더 한다.

서툰 한국말로 내 발길을 붙든 청년의 이름은 상코(sanko).

어떻게 한국말을 아느냐고 묻자 부끄러운 얼굴로 말한다.

"김신환 감독님한테서 배웠어요."

상코는 2005년과 2006년 세계유소년축구대회에서 동티모르를 승리로 이끌었던 유소년축구팀 선수였다. 인도네시아, 오스트레일리아 등을 돌며 대회에 참가했던 과거를 자랑스럽게 얘기하는 상코의 나이는 벌써 스물한 살. 딜리에서 대학을 다니고 있는 그는 잠시 고향인 말리아나에 돌아와 있는 중이라고 했다. 아마도 생활비가 없어서겠지만 그런 사정은 얘기하지 않아도 알 수 있다.

"아주 행복한 시간들이었어요. 비행기를 타고 외국에 나가는 건 아주 큰 행운이지요. 하지만 축구를 계속하는 건 불가능했어요. 동티모르에는 프로축구팀이 없었으니까요."

식당에서 저녁을 함께 먹는 내내 상코는 별 말이 없었고 나는 딜리의 축구경기장에서 만난 그의 후배들의 모습과 김신환 감독에 관한 얘기가 영화로 만들어지고 있다는 얘기를 전해 주었다.

예전 자신의 모습을 담은 영화를 상코는 볼 수 있을까?

딜리에서 김신환 감독을 찾아가 보라고 얘기했지만 상코는 고개를 저었다.

"나는 이제 축구선수도 아니고 내 이름도 잊어버리셨을 거예요"

타이거 맥주 캔을 만지작거리는 상코의 손만 물끄러미 바라보았다. 잠깐 가슴이 아팠지만 자신감을 가지라고 얘기해 주었다.

"영어공부를 더 열심히 하고, 엔지니어 공부도 마치게 되면 축구선수 보다 더 멋진 인생을 살게 될 거야."

어둠이 내린 거리로 나서는 상코의 눈빛이 반짝거린다.

태양을 피하는 방법

에르메라를 걸으며

작열하는 태양이 머리 위에 떠 있는 에르메라(Ermera)의 한 복판.

남자들은 폐허가 된 건물 안에 모여 있었다.

몇 겹씩 둘러싸고 있는 남자들의 중심에서 무슨 일이 벌어지고 있는지 알 수 없다.

누가 쓰러져 있는 걸까? 싸움이 벌어진 걸까?

그러나 아무런 소리도 들리지 않는다. 가까이 가서 보고 싶지만 그들 사이에는 한 뼘의 틈도 없다. 그 사이를 비집고 들어갈 용기도 없다.

왜 남자들은 그들끼리 모여 있는 걸까? 혹시 이 나라에도 남녀칠세부동석이라는 불문율이 있는 걸까? 그렇다면 가까이 있다가 뺨이라도 맞게 되는 건 아닐까?

한 발 한 발 앞으로 다가서는데 발치에 구겨진 트럼프 카드들이 흩어져 있다. 물자가 귀한 나라에서 카드를 버리다니, 생각하는 순간 몰려있는 남자들

의 중심에서 무슨 일이 벌어지고 있는지 짐작이 된다. 카드게임을 하는 중이구나.
게임 한판이 막 끝났는지 몇몇 사람들이 무리에서 빠져 나오고 카드 옆으로 지폐 몇 장도 얼핏 보인다.
양미간을 찌푸리고 돌아서는데 꼬꼬댁! 수탉 한 마리가 종아리를 스쳐간다.
너보다 내가 더 놀랐다.
한쪽 다리가 묶인 수탉들이 잡풀 사이에 머리를 박고 벌레사냥에 한창이다.
수탉을 안은 남자들이 하나 둘 나타나더니 깜짝 투계가 열린다.
남자들 무리 속에 수탉들까지.
여기는 내가 있을 자리가 아닌가 보다.

그 들 만 의 규 칙

시원한 그늘을 찾아 걷는데 공터에서 축구하는 아이들이 보인다. 관중들도 몇 명 있고 제대로 시합을 하는 모양이다.

가만히 보니 아이들 모두 한 쪽에만 신발을 신었다. 양쪽 다 벗고 맨발로 뛰든가 아니면 양쪽 다 신든가. 한 쪽만 신고 달리면 불편하지 않을까 싶은데 아이들은 잘도 달리고 잘도 공을 찬다.

신발이 귀해서 아끼려는 이유라면 양쪽 모두 벗어야 하지 않나. 옆에 있던 리토도 이유를 잘 모르겠다며 툭 한마디 던진다.

"아마 재미로?"

아이들은 운동화 한 짝씩, 슬리퍼 한 짝씩을 나눠 신고 축구를 하자고 규칙을 세웠는지도 모른다.

나의 짐작은 이거다. 무방비로 노출된 친구의 정강이를 걷어차게 될까봐 골을 차는 발은 맨발로 하기로 약속한 거다.

아이들이 잠시 쉬는 틈에 같은 운동화를 나눠 신은 두 아이들 손을 잡아끌었다. 나란히 앉혀놓고 보니 온전한 운동화 한 켤레가 만들어진다. 두 아이도 쌍둥이처럼 다정해 보인다.

나는 또 다른 상상을 한다. 이 아이들은 환상의 콤비. 방과 후 축구 시합에서 가장 친한 친구와 짝을 이루고 신발을 나눠신는 것으로 영원한 우정을 맹세한다.

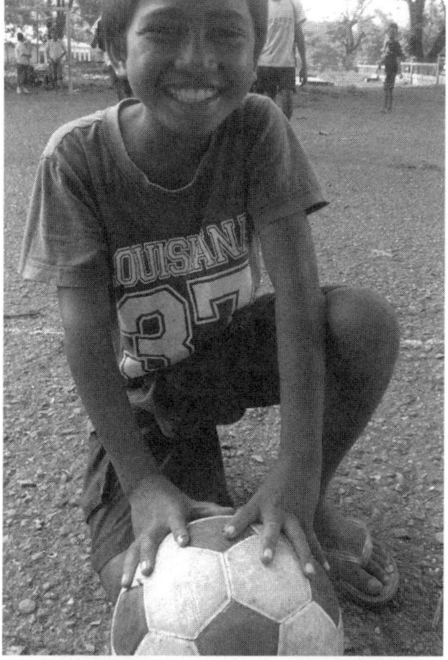

zone

태 양 아 래 서

제대로 된 골대는 있지만 그늘이 없는 축구경기장에는 풀들만 무성하다.

형들의 축구경기에 끼지 못하는 어린 아이들이 휑한 골대에 매달려 놀고 있고 커다란 우산을 양산 삼아 받쳐 든 사람들이 손님이 적은 시장을 지키고 있다.

카드게임에 빠진 남자들도 수탉을 안고 다니는 남자들도 그들이 할 수 있는 방법으로 뜨겁고 무료한 하오를 보낼 뿐이다.

에르메라의 태양은 거침없이 대지 위로 쏟아지고 커피나무들만 태양을 가득 머금은 채 7월을 향해 익어가는 중이다.

하나를 잃으면

통역을 포기하고 친구를 얻다

잃는 것이 있으면 그로 인해 얻어지는 것도 있고, 반대로 무엇인가를 얻기 위해 포기해야 하는 것도 있다.

리토가 직장으로 복귀하면서 그의 형 에디를 소개해 주었다.

렌트카 회사에서 운전기사와 가이드를 소개해주기는 하지만 나는 낯선 남자가 운전하는 차에 몸을 맡기고 태평하게 이국땅을 돌아다닐 정도의 강심장은 아니다. 운전석이 일본처럼 오른쪽에 있어 직접 운전 할 수도 없고, 중앙선도 없는 거친 산길에는 사고 위험이 곳곳에 도사리고 있지 않나.

다행히 대학에 다니고 있는 리토의 형 에디는 왕년에 택시운전수였단다. 택시운전을 하며 동생 리토의 대학공부 뒷바라지를 해준 고마운 형이다. 운전도 잘하고 게다가 착하기까지. 리토의 형이니 더욱 마음이 놓인다.

"문제가 하나 있는데 에디가 영어를 한마디도 못하는데 괜찮아?"

"뭐? 한마디도 못해?"

"응. 영어공부 하는 중이야."

가이드가 영어를 못한다는 건 나 역시 이곳에서 벙어리가 되어야 한다는 뜻이다.

에디가 원하는 가이드비는 렌트카 회사에서 소개해주는 영어가 가능한 운전기사비용과 똑같은 하루 25달러.

흔들리는 눈빛을 감추며 머리를 굴린다.

통역을 포기할 것인가, 마음의 안정을 포기할 것인가?

"출발, 정지. 이 정도는 알겠지?"

"물론이야. 네가 원하는 곳에서 stop, 네가 원하는 시간에 go."

고향 오에쿠씨의 거리에서 기름을 팔며 생활비를 벌고 있다는 에디의 아내와 자녀들을 생각하며 나는 기꺼운 마음으로 에디를 선택했다.

운전석 앞의 보드에는 인도네시아-영어 회화책이 놓여있었고 뒤에 앉은 내가 불편한 기척이 보이면 백미러로 눈을 맞추며 "ok?" 라고 물어봐주었다.

그래, 어차피 내 영어실력도 신통치는 않고, 완벽한 대화가 불가능할 바에야 차라리 눈빛과 표정에 의지하며 느낌을 나누는 것도 나쁘지 않다.

내가 진짜로 원했던 것은 동티모르인 친구가 아니었나.

에디는 단 한순간도 내게서 눈을 떼지 않았다. 참나, 애인도 이렇게는 못할걸.

보고 싶던 풍경

아일리우(Aileu)를 지나 마우비씨(Maubisse)로 가는 길은 동티모르에서 가장 높은 산인 해발 2,963m의 라멜라우산(Mt Ramelau)을 향해 끝없이 고도를 높여가는 산길이다.

가까워지는가 하면 멀어지고, 모이는가 싶으면 순식간에 흩어져버리는 구름을 따라가며 만나는 풍경들은 우리나라 강원도의 시골마을처럼 친근하기도 하고 남미의 고원지대를 옮겨놓은 듯 이국적이다.

먼 산자락에 자리 잡은 소박한 초가집들이 손을 흔들어주는 길.

'이런 길은 터덜터덜 조랑말을 타고 가야 제격인데…….'

그때 작은 소년이 말고삐를 틀어쥐고 산길을 올라오고 있다. 뒤에는 소년의 할아버지가 느긋하게 담배를 물고 따라 오신다. 장에서 돌아오는 길인지 말잔등에는 묵직한 자루들이 매달려 있다.

간절히 원하던 선물이라도 받은 사람처럼 후다닥 차에서 내려 사진을 찍었다. 바쁘게 달리기만 하던 마음이 속도를 늦추고 두 사람의 뒷모습을 쫓는다.

사진을 찍는 동안 에디가 저만치 내려가 차를 세운 길 한쪽에는 넉넉한 지붕을 얹은 전통가옥이 서 있다.

마당에는 크고 작은 묘지들이 누워있고 성모마리아를 모신 성소도 함께 있다. 이곳은 산마을에 사는 꼬맹이들의 놀이터인 모양이다.

집주인 할아버지는 흔쾌히 집안을 보여주셨다. 나무계단을 타고 2층에 올라서니 칠흑 같이 어두운 방 하나가 집 구조의 전부다. 천정에 매달린 작은 백열등은 전기가 공급되지 않는 낮이라 무용지물. 성긴 나무바닥에서 희미한 빛이 올라와 그나마 내 발밑을 분간할 정도다. 살림살이라고 할 것도 없는 썰렁한 방안에 할머니가 켜주신 호롱불빛이 가득 찬다.

공동묘지를 마당삼아 사는 노부부, 그리고 거기에서 맨발인 채로 노는 꼬맹이들.

산모퉁이를 돌아 차를 멈춘 어느 지점에, 열대의 산악지대에 살아가는 사람들의 풍경 하나가 짧은 시처럼 거기 있었다.

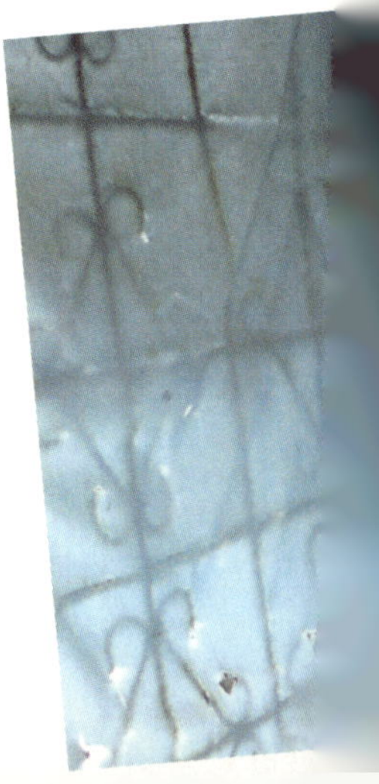

'지그지그' 한마디에

마음을 흔든 마우비씨의 첫인상에 오점을 찍는 일은 채 한 시간도 되지 않아 벌어졌다.
산 위에서 내려다보았던 아름다운 마을 풍경은 가까이 가 보니 무겁게 가라앉아 있었다.
UN 간판은 초라하게 삭아가고 있고 건물 안은 텅 비었다. 마을에 주둔 했던 UN군이 철수하면서 마을의 생기도 함께 가져간 것일까?
무거운 발걸음을 옮기다 시장 입구에 앉아 있던 청년과 눈이 마주쳤다.
가볍게 고개를 숙이며 "보따르데!"라고 인사를 건넸다. 마주치는 모든 사람과 아침에는 '본디아-Bondia, 오후에는 보따르데-Botarde, 저녁에는 보노이떼-Bonoite'라고 인사를 하는 것이 이 나라의 예의다. 아니 내가 정한 규칙이다.

청년도 씩 웃으며 "보따르데!"라고 화답해 주었다. 무거웠던 마음이 조금은 환해지는가 싶었는데 스쳐가는 내 등 뒤로 '지그지그' 라는 작은 소리가 날아온다.

지그지그. 남자는 내가 이말을 모르는 줄 알았겠지만 천만에 말씀. 나는 델리의 거리에서 내 아들보다 더 어린 꼬맹이에게서 이 말을 들은 적이 있다.

중국인들에게서 전해졌다는 이 속어는 남자들이 여자들을 놀릴 때 쓰는 말로 까놓고 말하면 '너 나랑 한 번 자자' 정도 되는 말이다.

심장이 두근거리고 피가 거꾸로 솟으려 한다. 그런 속어에 얼굴 붉힐 나이도 아닌 나는 시치미를 뚝 떼고 앉아있는 청년을 향해 종주먹을 들어 보였다.

"너 죽을래?" 목청껏 한국말로 소리까지 질러주었다.

너는 '죽을래?' 라는 말이 무슨 뜻인지 모르겠지. 육두문자를 날려줄 수도 있지만 이만 참겠다.

길 건너편에 서 있던 에디가 놀라 달려왔다.

"에디, let's go!!"

내 눈치를 살피는 에디에게 자초지종을 말해주었다.

"저 놈이 나더러 '지그지그' 라고 했어."

앞에 말은 못 알아들어도 지그지그라는 말은 알아들었는지 고개를 푹 숙이고 미안하다는 표정을 짓는다.

'마우비씨는 활기 넘치는 마을이었다. UN이 사무실을 만들고 외국인들도 많이 찾아오고 마을에는 변화의 물결이 가득했다. 어느날 외국인들이 썰물처럼 빠져나갔고 그들이 떠난 자리에 순수함 대신 이상한 전염병이 돌기 시작했다.'

삐뚤어져버린 내 마음이 좀비소설 한편을 쓰고 있다. 딜리 시내가 좀비들의 도시가 되고 초록 능선들이 부글거리는 유황길이 되고 나는 지옥 속에 있는 것만 같다.

심 심 해 서

서둘러 마우비씨를 빠져나온다. 풍경도 싫다. 피곤이 몰려온다. 차의 흔들림에 몸을 맡긴 채 눈을 감고 가는데 꽹과리 소리가 들린다. 한 무리의 사람들이 산길을 내려오고 있다.

전통복장인 타이즈를 어깨에 걸치고 꽹과리를 치며 흥에 겨워 노래를 부르는 사람들.

그들이 내려 온 윗마을 아이뚜또(Aituto)에서는 한바탕 잔치가 열리고 있다. 술에 취한 듯

얼굴이 불콰한 남자들이 짧은 나무막대기를 치켜들며 전쟁터에서 돌아온 전사의 춤을 추고 여인들은 부하를 씹으며 무엇엔가 홀린 듯 타악기를 두드린다.

구경하던 청년이 다가와 영어로 말을 건다. 잘 됐다.

"지금 마을 사람들이 뭐하는 거야?"

"파티를 하는 거야."

"왜?"

"그냥 심심하니까 모여서 노는 거지."

특별한 이유가 없어도, 거창한 제목을 달지 않고도 한나절 모여 놀다 집으로 간다는 거다.

별 것 아닌 일에 시시콜콜한 이유와 의미를 갖다 붙이는 버릇은 버릴 때도 되었다. 태어나고 살다 죽는 인간사의 커다란 맥을 생각하면 그동안에 벌어지는 일들이야 천상병 시인의 말처럼 한바탕 소풍이 아니겠냐. 그저 심심하니 모여서 놀고, 멍하니 앉아있다 지나가는 외국인 여자에게 농담도 던져보고.
그이가 뭐 내가 알아들을 줄 알았겠냐. 진짜로 나를 어찌해 보겠다는 으름장을 놓은 것도 아니고. 들릴까 말까한 작은 소리로 한마디 해본 것뿐일 게다.
아, 그러니까 마우비씨의 그 느끼청년에게 예의나 윤리, 교육의 잣대를 들이댈 일이 아니라 피식 웃어주고 말았어야 했나 보다.
심심해서 던진 농담에 상처받고, 심심해서 모여 노는 사람들을 보며 뒤늦은 용서를 하고, 오늘 상태 참 극과 극이다.
안개와 어둠이 함께 몰려드는 마을 구석의 담벼락에 젊은 애들 몇이 기대어 앉아있다.
어디선가 또 '지그지그'라는 말이 날아오면 씩 웃으며 한마디 날려줄 수 있을 것 같다.
'야, 심심하냐? 외롭냐?'

우리는 서로 사랑할 수 있을까?

그 뜰의 정원

"가난하지만 행복한 정원을 보여드릴까요?
초라하지만 풍요로운 마음을 보여드릴까요?

가진 것은 적어도 슬픔을 견디는 방법을 알고 있지요.
배운 것은 없지만 스스로를 돌보는 여유를 갖고 있지요.

작지만 싱그러운 생명들을 이렇게 걸어두었어요.
보세요
햇빛 받아 반짝이는 초록 잎사귀마다
신께 드리는 감사의 기도가 새겨져 있답니다."

나무를 심는 마음

누가 이들을 가난하다 손가락질하는가?
누가 이들에게 적게 가진 것을 가난이라 가르치는가?

울도 담도 없는 집
붉은 꽃나무 한그루 심어올렸으니,
여기가 바로 대문이라고
손님도 이리 들어오시고 희망도 이리 들어오시라고

바람이 부는 날에는 향기로 맞아주고
비 오는 날에는 꽃잎으로 맞아주는 마음

시들지 않는 꽃

당신이 가꾼 꽃들이
오늘 나를 위로합니다.
내가 경계에 서서 불안에 떨고 있을 때
핏빛처럼 붉은 꽃 한 송이
흔들리는 마음을 잡아주었습니다.
바람 부는 산길에 서서
여밀 한 뼘의 옷깃이 없어 어깨를 움츠렸을 때
낮게 흔들리고 있던 꽃들이 차가워진 손을 잡아주었습니다.
강물처럼 흩뿌려진 꽃길 위에서
어쩌면 당신을 사랑하게 될 것 같다고 생각했습니다.
서로에 대해 아는 것이 적은 우리,
어떻게 나눠야 할지 모르는 우리,
시들지 않고 대지에 입 맞추는 저 꽃들처럼
언젠가는 서로 사랑하게 되겠지요.

그저 남쪽이 궁금했을 뿐

사메의 잠 못 이루는 밤

밤길을 달려 사메(Same)에 도착했다. 드디어 동티모르의 남쪽 가까이까지 내려 온 것이다. 거리는 가로등 하나 없이 암흑 속에 가라앉아 있고 사냥꾼을 피해 문을 두드리는 토끼처럼 여기저기 식당을 찾다가 동티모르인 남편과 인도네시아인 아내가 함께 운영하는 게스트하우스를 겨우 발견했다.

아일리우(Aileu)에서 점심을 먹은 후 저녁 10시까지 쫄쫄 굶다가 캔맥주와 볶음국수를 게눈 감추듯 먹어치우고 나니 긴장이 풀리고 잠이 쏟아진다.

슬레이트 지붕을 때리는 빗소리, 멀리서 뛰어오는 사람처럼 점점 크게 후두둑 후두둑 이마를 울리다 사라지고 또다시 다가왔다 사라진다.

여기까지 왜 내려왔지?

눈꺼풀은 무거운데 머릿속 생각의 꼬리들이 깨어나 기차놀이를 하고 있다.

남쪽에는 뭐가 있지?

바다가 있겠지.

바다를 보면 뭐 좋은가?

포르투갈 통치시절에 발견된 유전이 있대.

석유를 팔면 동티모르 사람들은 부자가 될까?

너 바보냐?

전기가 끊어졌는지 낡은 선풍기도 멈춰버리고 끈적이는 몸을 이리저리 뒤척이다 겨우 잠이 들었다.

수아이 가는 길

사메의 아침 시장을 둘러보고 나니 마음이 가볍다. 나른한 오후의 시장에서 지친 여인들, 내기 당구에 빠진 남자들을 보며 마음이 무거웠었는데 생기발랄한 아침 시장의 풍경을 만나니 밤길을 내리 달려 남쪽까지 오길 잘했구나 싶다.

동티모르 사람들이 아침식사로 많이 먹는다는 바나나 빵 한 봉지를 사서 아침을 해결하고 수아이(Suai)로 간다.

사메에서 수아이로 가는 길은 마치 우리나라 제주도를 옮겨놓은 듯 너른 초원 위에 말들이 풀을 뜯는 한가로운 풍경이 이어진다.

섬을 가로지르는 가파른 산맥을 넘으며 늘 조마조마했었는데 비포장길이기는 하지만 도로폭이 제법 넓어서 마음 푹 놓고 드라이브하는 기분도 내본다.

차량 외부 온도는 33도. 그야말로 폭염이다. 가도 가도 길 뿐인 길 옆으로 열대의 나무들은 악 소리 한마디 없이 곧게 자라고 도로를 침대 삼아 누워있던 야윈 개들이 자동차 소리에도 놀라는 법 없이 느릿느릿 몸을 피해 걸어간다. 그림엽서 속의 한 장면처럼 정지된 풍경 속을 가는 것. 달리 아무 볼 것도 없고 할 일도 없는 여행, 바다로 이어지는 구릉마다 깃발 하나씩 꽂아두었다. 고독한 연금술사의 사막은 아니어도 내 인생의 어느 흐릿한 날, 쨍한 하늘 아래 꽂아두었던 빛나는 깃발들이 나를 이끌어줄 것이다.

바 다 뿐 인 바 다

사메에서 여섯 시간을 달려 도착한 수아이(Suai). 그러나 바다는 좀처럼 모습을 드러내지 않았다.
바다와는 상관없다는 듯 바람 한 점 없는 무심한 시내를 이리저리 헤매다 허허벌판을 2km나 달린 끝에 바다를 만났다. 흔한 모래사장도 없이 검은 암반이 이어지는 바다.
길섶으로 들어갔던 에디가 손짓을 한다. 가까이 가보니 유전이다. 검은 기름이 흘러나온 유전은 아무렇게나 방치되어 있는 듯하다.
아무 이정표도 없는 길, 아무 안내판도 없는 유전.
선인장이 울타리처럼 둘러진 해안과 낮은 구름이 맞닿은 바다 위로 폭풍 직전의 침묵이 흐른다.
아직 바람은 해안까지 비구름을 몰고 오지 못했고 수평선 위로 무겁게 가라앉은 구름들이 소나기 기둥을 만들고 있다.
바다는 저 소나기 무게만큼 더 무거워졌을까?
해안을 따라난 좁은 길을 걸어가니 외딴 집 한 채. 사람은 보이지 않고 컹컹 개들이 짖어댄다. 이 나라에서 개 짖는 소리를 처음 듣는다. 앙칼진 개와 함께 빈 집을 지키던 나무들이 바람에 흔들리고 마른 얼굴 위로 빗방울이 떨어진다.
옅은 햇살과 비구름이 뒤섞인 두 얼굴의 하늘이 자꾸만 등을 떠민다.
자, 여기는 남쪽바다. 더 이상 보여줄 게 없네.
한 살 두 살 나이를 먹고 시시껄렁한 경험들이 쌓이면 끝까지 가보지 않아도 결과를 짐작할 수 있는 일들이 가끔 있다. '혹시나', '어쩌면' 이런 부사들을 마음에 품고 있지는 않았다.
먹먹한 마음으로 발길을 돌린다.
까사강 물줄기를 흘려보내는 2,963m의 라멜라우산이 바다 뿐인 바다를 멀리서 지켜보고 있다.

라멜라우산을 넘으며

나를 위한 등불

수아이를 출발할 때 내리던 비는 아이나로(Ainaro)에 도착해서도 그치지 않았다. 노란 백열등을 밝힌 산 아래 집들이 어두운 길을 달려 온 여행자에게 흐릿한 인사를 건넨다.

숙소를 찾아 올라간 마을 끝, 푸른 어둠 속에 서 있는 성당 불빛을 비 맞은 채로 기웃거리다 돌아서고 말았다. 누군가 나를 반겨주는 사람이 있는 곳으로 가고 싶다.

썰렁한 모텔 침대 머리맡에 렌턴을 걸었다.

내가 나를 위해 밝히는 등불, 내 안의 나를 다독이는 손길, 내 마음을 깨우는 언어. 아주 멀리까지 왔지만 나에게는 조금 더 가까워져서 이 여행이 끝날 때쯤에는 내 마음의 한가운데를 걷고 있기를 기도하면서……

저 를 좀 보 세 요

구름이 채 걷히지 않은 토요일 아침.
라멜라우산 아래의 시장에 사람들이 모여든다.
부모 대신 장사에 나선 아이들의 표정은 당당하다.
거뜬히 어른 몫을 하며 스스로를 대견해 하는 아이들.
동티모르 어디를 가도 구걸하는 아이는 없다.
물론 구걸하는 어른도 없다.
가진 것이 적을 뿐,
그들의 얼굴에서 남루한 생활의 그림자는 보이지 않는다.

길 위에서

바람이 불지요.
어디론가 달려가려는 마음
이따금씩 산을 넘고 바다를 건너지요.
하지만 내가 갈 수 있는 곳은 이 언덕의
성소뿐.
아직 나의 시는 노래가 되지 못했고
그저 이렇게 앉아서
바람 소리만 듣고 있지요.

기타줄이 준 교훈

산을 내려가는 도로변에 한 소녀가 기타를 튕기고 있었다. 연주를 하는 것이 아니라 되는 대로 코드를 잡아 기타 치는 시늉만 하고 있다. 소녀에게서 기타를 건네받아 스르륵 튕겨보니 줄들이 늘어질 대로 늘어져 있다. 줄 맞춰준다고 깝죽대다가 1번줄을 끊어 먹었다. 끊어진 줄을 잡아들고 보니 줄 여섯 개가 제자리에 있지 않고 뒤죽박죽이다. 여러 번 줄을 간 흔적이 남아 있는 낡은 기타. 이 소녀에겐 얼마나 소중한 물건이겠나.

미안한 마음에 10달러짜리 지폐를 쥐어주었다. 소녀는 깜짝 놀란 얼굴로 돈을 받아들더니 수줍게 미소를 지어 보인다. 그러나 어디 가서 기타줄을 살까? 마우비씨에 가면 살 수 있을까?

기타줄이 맞거나 말거나 6줄 온전하게 걸린 기타를 가진 소녀의 행복을 내가 순식간에 빼앗아버린 것은 아닌지.

간섭하지 말고, 비교하지 말고, 그저 있는 그대로 받아들이는 것.

라멜라우에서 큰 교훈 하나 얻어 내려간다.

underground

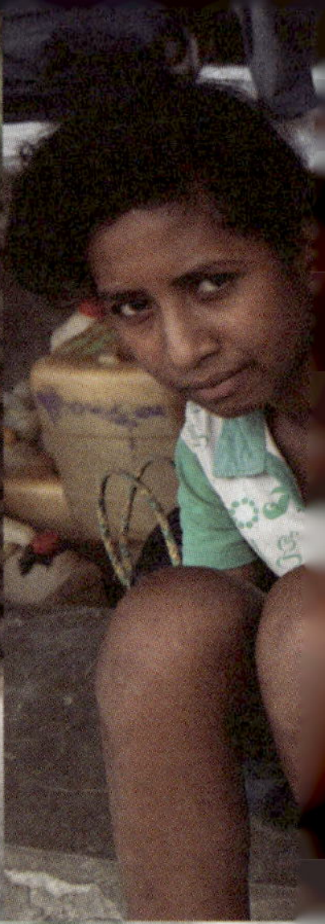

Photographer | 정일호

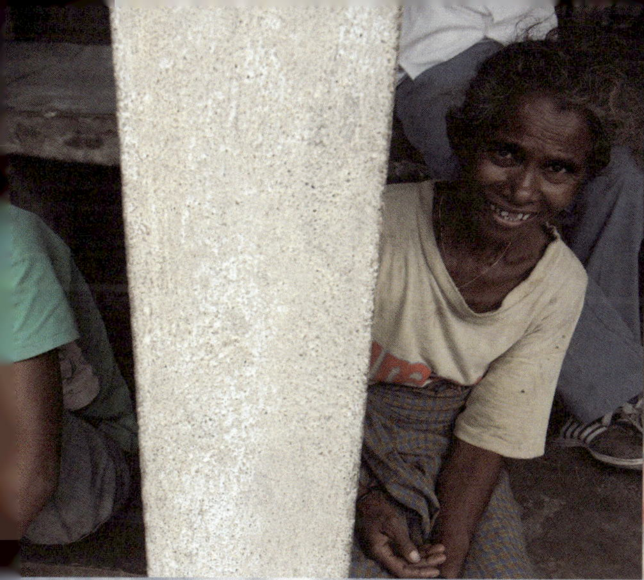

Photographer 정일호

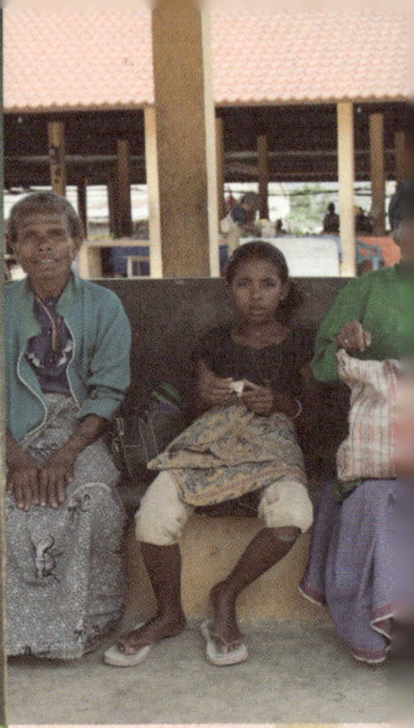

Photographer | 정일호

Photographer | 정일호

Photographer | 정일호

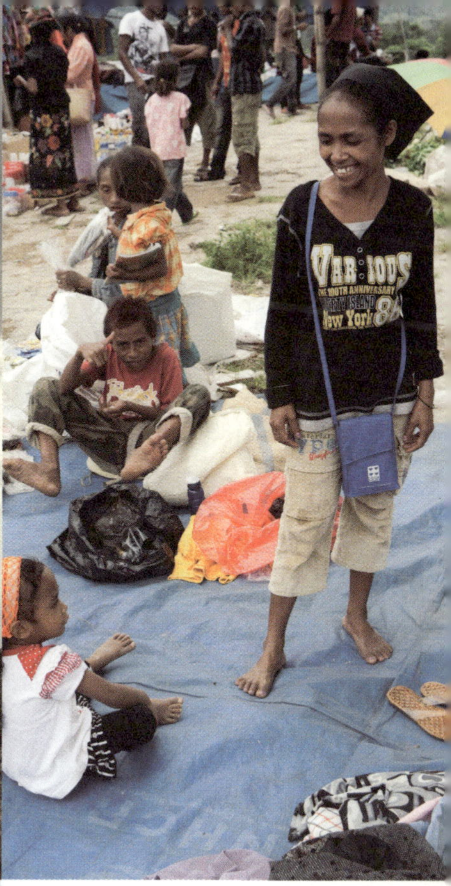

Photographer | 정인호

셋, 다시 처음부터

여기는 절반의 끝, 또 다른 절반의 시작.

새로운 마음으로 출발하는 여행자에게 축복을.

또 다른 길, 또 다른 풍경

동쪽으로 가는 길

꿈에서 깨어난 듯 새로운 길을 간다. 바다를 따라 이어지는 끝없는 길. 불과 백여 미터 앞의 상황도 알 수 없이 굽어지던 내륙의 길들과 달리 해가 뜨는 곳을 향해 가는 북쪽의 해안도로는 시원하게 열려있다. 낯선 나라를 헤매고 다니는 마음의 긴장을 벗고 오랜만에 어깨가 가볍다.

처음 가는 길이 고향처럼 익숙한 것은 길이 평탄하기 때문만은 아니다.

씩씩한 척 했지만 지난 시간의 여행이 꽤나 힘에 부쳤었나 보다. 아침에 길을 나서 한밤중이 다 되어서야 목적지에 도착하는 강행군에 언어가 통하지 않는 갑갑함까지 더해 신경이 바늘 끝처럼 날카로워져 있었던 거다.

아름다운 바다 풍광에 기대어 와락 눈물이 고인다. 배낭여행 중에 돌덩이 같은 운동화를 벗어 발에 잡힌 물집을 어루만질 때처럼 아프기도 하고 뿌듯하기도 한 그런 행복한 눈물이다.

가둬두었던 그리움의 조각들이 마음속을 굴러다니며 바스락바스락 소리를 낸다.

모두들 잘 지내시는지…….

마나뚜또의 아이들

커피 한 잔 마시며 쉬었다 가기 위해 들른 마나뚜또(Manatuto). 국민영웅 구스마오대통령의 고향이라고 하는데 기념비나 안내판, 하다못해 그 유명한 초상화 한 점 볼 수 없다.

한가로운 어촌 마을의 풍경을 바라보며 해안을 걷는데 꼬맹이들이 "뽀또, 뽀또!" 하며 내 발길을 잡는다.

애고 어른이고 할 것 없이 동티모르의 남자들은 사진 찍히는 걸 어찌나 좋아하는지 카메라만 보면 자세를 잡는 것이다.

찰칵.

찍은 사진을 모니터로 보여주자 다시 제자리로 돌아가 또 찍어달란다.

또 찰칵.

모니터 속에 나오는 자기들 얼굴을 가리키며 아주 신이 났다. 가방에서 막대사탕을 꺼내 나눠주고 돌아서는데 이 녀석들 계속 따라온다.

내가 걸음을 멈추면 순식간에 새로운 자세를 잡아서 또 사진을 찍어 달라고 한다.

필름 들어가는 것도 아니고 디지털 카메라인데 찍어주는 거야 어렵지 않지만 한 번 보고 나면 모니터 속으로 들어가 버리고 마는 사진 한 장에 저토록 즐거워하는 아이들에게는 너무나 미안하다. 폴라로이드 카메라를 챙겨왔어야 했나 보다.

풍경에 취하다

바람이 부는지 바닷가를 지키는 나무들 흔들리고
모내기를 하지 않은 빈 논이 거울처럼 하늘을 비춘다.
고개를 넘어가는 길 위
무거운 구름 가끔 비를 흩뿌리고 사라질 뿐
외로운 사람 내내 외로우라고
마주 오는 이 아무도 없다.
누군가 다가와 가만히 내 손을 잡아준다면
말없이 걸어도 좋을 아름다운 길

지도에 없는 마을

포르투갈 통치시절에 만들어진 성벽이 그대로 남아있는 라오템(Lautem)에서 드디어 갈림길이 나온다. 로스팔로스로 갈 것인가, 이 길을 끝까지 달려 꼼(Com)으로 갈 것인가.

바닷가에 게스트하우스들이 있는 꼼으로 간다.

한참을 달리자 아름드리 나무들로 둘러싸인 마을이 나타난다.

지도에도 나오지 않는 작은 마을. 하긴 내가 가진 지도는 손바닥 크기의 축약판이다.

물속이 훤히 비치는 호수에서 아이들은 목욕을 하고 여인들은 빨래를 하고 있다.

목욕까지 하는 걸 보면 어디론가 물이 빠져 나가는 것 같은데 혹시 아주 커다란 샘물일까?

눈으로 보기에는 작은 호수다.

갈 길은 아직 먼데 호수의 물빛이 하도 고와 쉽게 발길이 떨어지지 않는다.

양말을 벗고 발이라도 담궈볼까? 손끝이라도 적셔볼까?

여인들 곁에 서서 구경이라도 하려는데 빨랫감을 보이기가 부끄러웠는지 서둘러 옷가지들을 헹궈 집으로 돌아간다.

나는 갈 길을 잊은 채 조용한 호수 위로 땅거미 내려앉는 모습만 물끄러미 바라보았다.

꿈의 아침

차 안에서 말리던 젖은 옷들을 탈탈 털어 널어놓고 아침 바다로 나섰다. 아침 설거지를 마치고 산책에 나선 아줌마처럼. 그럴 때가 있다. 너무 멀리 떠나오면 일상이 그립기도 한 법이다.
구름 가득한 바다에서 고기잡이 나갔던 작은 배가 돌아오는 아침. 외로운 개 한 마리 지나간 발자국을 따라 나도 백사장을 걷는다.
물결이 오래 머문 자리에 숨길 수 없는 선이 생겨나듯 내 마음에도 여러 줄 흔적들이 남고 있다.
어떤 기쁨, 어떤 분노, 어떤 후회, 어떤 각성.
나는 좀 더 잘 할 수 있고, 좀 더 나은 사람이 될 수 있고, 좀 더 사랑 할 수 있을 것 같다.
집 떠난 지 천 년은 된 것 같지만 여기서 다시 출발한다.

로스팔로스의 두 사람

텅 빈 로스팔로스

전통 가옥인 파타루쿠(Fataluku)가 동티모르 상징이자 로스팔로스(Lospalos)의 자랑이 된 것은 오래 전 이 지역이 동티모르의 여러 전통 부족 중 하나인 파타루쿠족의 마을이었기 때문이라고 한다.

하지만 지금 제대로 남아있는 전통 가옥은 없다. 인도네시아가 의도적으로 인도네시아인들을 로스팔로스에 이주시키고 전통 가옥들을 훼손했기 때문이다.

부서진 전통가옥만 덩그러니 남은 채 어딘가 모르게 텅 빈 듯한 도시.

사람들의 표정에는 생기가 없고 어디론가 떠나려는 것처럼 눈빛은 불안하다. 굳게 문을 닫은 상점들이 거리의 황량함을 더하는 것 같다.

아, 이유를 알겠다. 이주해서 살고 있던 인도네시아인들이 지금은 모두 떠나고 없다.

도시의 한쪽을 채우고 있던 사람들이 떠난 자리. 거기에 새로운 무언가가 채워지지 않은 거다.

빈 집과 빈 상점, 그리고 결코 미워하지 않았던 이웃이 남기고 간 마음의 자리. 로스팔로스는 그렇게 비어있다.

아브라함 아저씨의 희망사항

전 세계의 바다를 누비는 큰 배의 선원이었던 아브라함 아저씨.
훤칠한 키에 애교 있는 콧수염과 다정다감한 말투의 매력남.
그가 태어난 곳은 말레이시아.
하지만 동티모르가 너무 좋아 죽으면 이곳에 묻히고 싶다는 남자.
지금은 식당의 직원으로 일하지만 언젠가 돈을 모으면
근사한 자신의 레스토랑을 열고 싶다는 사람.
직접 만든 동티모르의 전통주 한 잔을 가져다주며 내 표정을
살피던 아저씨.
그 맛에 홀딱 반해 통째로 한 병을 사서 가방에 넣었다.
말리아나의 시장에서 산 술은 이상한 냄새가 섞여있어 그대로 버렸었는데
아브라함 아저씨 덕분에 맥주를 대신해줄 밤 친구가 생겼다.

available
for
Breakfast
Lunch
Dinner
Angel's

소모초 마을의 예원씨

중학교 다닐 때부터 고아원에서 아기들을 돌보던 소녀는 자신이 진짜 원하는 삶이 어떤 것인지 고민하다 동티모르까지 왔다.
〈지구촌 나눔운동〉의 일원인 예원 씨는 로스팔로스에서 뚜뚜알라로 가는 길가의 작은 마을 '소모초'에서 산다.
원시적인 방법으로 농사를 짓는 마을사람들에게 좀 더 나은 농사법을 알려주고 화장실 같은 생활환경을 개선해주는 것이 그녀의 주된 업무다.
마을사람들과 생활한 지 이제 일 년. 자원해서 일 년을 더 연장했단다. 자신을 따르는 아이들, 친딸처럼 대해주는 아주머니들과 못다 한 일들이 아직 남아서일까?
이제 겨우 스물넷의 나이. 그녀는 자신의 인생에서 중요한 것이 무엇인지 이른 나이에 깨달은 것 같다.
아직 대학 공부를 마치지 못했지만 대수롭지 않게 생각하는 것 같다.
앞으로 일 년 후. 한국으로 돌아와 대학을 졸업하고 나면 그녀는 또 다시 짐을 꾸릴 것이다. 하고 싶은 일도 많고 가고 싶은 곳도 많다는 예원 씨. 참 예쁘다.
외동딸이 험한 나라로 가는 것을 허락한 그녀의 부모님도 존경스럽다.
내 딸이 이렇게 커준다면 얼마나 좋을까. 나도 예원 씨의 부모님처럼 딸을 키울 수 있을까?

동티모르 여인의 손님 접대

예원 씨에게 손님이 찾아왔다는 소문이 퍼졌나보다. 예원 씨와 제일 친하다는 주아나 아줌마가 커피 대접을 하시겠단다.

손님에게 정성을 다하는 것이 동티모르의 전통이라고.

맛있는 비스켓과 함께 커피 한 잔을 마시는 동안 그녀는 묻지도 않은 얘기들을 들려주셨다.

훌륭한 젊은이들이 인도네시아 통치시절에 다 죽었다고. 그래서 지금은 마을에 젊은이들이 하나도 없다고. 예원 씨 같은 사람들이 도와주면 마을이 훨씬 좋아질 거라고.

동티모르의 전통에 대해서 얘기하는 주아나 아줌마의 온화한 미소를 보니 가족과 떨어져 지내는 예원 씨가 그렇게 많이 외로울 것 같지는 않다.

FRETILIN

천 상 의 하 모 니

축구시합을 하고 있는 초등학교 운동장 한 쪽에서 난데없는 노래 소리가 들린다.

청아한 목소리들이 반주에 맞추어 울려 퍼진다.

가까이 가보니 바로 옆의 성당에서 합창단의 연습이 한창이다.

기타와 전자오르간, 작은 드럼까지 갖춘 미니 밴드의 반주와 여인들의 목소리가 작은 성당을 천국으로 만들고 있다.

악보에 눈길을 고정한 채 어떤 과장도 없이 무심한 듯 노래하는 여인들.

한 곡이 끝나고 나도 모르게 박수를 보냈다. 그녀들은 인사 대신 키득키득 짧은 웃음을 던져준다.

무례한 일인 줄은 알지만 내가 운동장에서 들었던 곡을 다시 청했다. 지휘자는 내가 들었던 곡이 어떤 곡인지 모르고 나는 제목을 모른다.

손짓 발짓을 섞어가며 마임 수준의 대화가 오간 끝에 드디어 밴드의 리더가 곡을 찾아냈다.

처음 몇 마디를 연주하며 내 눈치를 살핀다. 바로 그 곡이다.

그들은 오직 나 한 사람을 위해 기꺼이 아름다운 멜로디를 다시 들려주었다.

내 머리 위에 내리는 천상의 하모니. 지상 위에 살고 있는 모든 생명에게 축복이.

동티모르 최악의 길

론리플래닛 인터넷 사이트는 뚜뚜알라(Tutuala)해변과 자코(Jaco)섬을 동티모르 최고의 여행지로 안내하고 있다.
'최고' 라는 수식어가 붙어있어도 동티모르는 남태평양의 어느 휴양지가 아니다. 기대가 크면 실망도 큰 법.
마음을 비우고 8km의 자갈길을 달려 내려간다. 아니 달리는 것이 아니라 뒤집어질까봐 노심초사하며 좀처럼 쓰지 않는 사륜기어를 넣고 기어 내려간다.
뚜뚜알라에서 해안으로 내려가는 짧은 비포장길이 한밤중의 복병일 줄이야.
해안에 자리 잡은 게스트하우스는 달랑 두 곳. 유선전화는 당연히 없고 핸드폰도 안 터지는 곳이라 예약도 할 수 없었다. 고생고생 해서 내려갔는데 만일 숙소가 꽉 찼다고 하면 다시 이 길을 거슬러 올라와야 한다.
자갈길이 끝난건지 어쩐건지 감도 잡을 수 없는데 어두운 길 저 끝에 불빛이 보인다. 에고 이제 살았다.
방갈로 몇 채로 이루어진 뚜뚜알라비치게스트하우스에서 더 안쪽으로 들어가니 최근에 지어진 한 동짜리 게스트하우스가 어둠 속에 서 있다.
일찌감치 잠자리에 들었던 주인아저씨가 자동차 소리를 듣고 깨어나 불을 밝혀주었다. 깔끔한 타일로 장식된 방이 맘에 쏙 든다.
모기장 속에 들어가 앉아 로스팔로스의 아브라함 아저씨가 만든 동티모르 전통 와인을 홀짝홀짝 마시니 자갈길을 내려오느라 단단하게 뭉친 어깨 근육이 풀리는 것 같다.
바다가 술을 부르고 술이 시를 만들었다지. 시인 이생진의 〈그리운 성산포〉였나?
파도소리도 없는 바닷가의 게스트하우스에서 마시는 술 한 모금에 미뤄두었던 일기가 술술 써진다.

허접스런 핑계

구름 가득했던 꼼 해변의 어제 아침을 보상해주는 듯, 자코섬 위로 떠오른 태양이 눈부시다. 떠오르자마자 뜨겁게 해안을 달구는 거침없는 태양. 오늘 하루도 생수 다섯 병은 있어야 버티겠구나.

아무도 살지 않는 무인도 자코. 관광객들은 쪽배를 타고 섬에 들어가 원시 상태로 남아있는 자코섬을 둘러보기 위해 뚜뚜알라 해변을 찾는다.

그러나 나는 멀찍이서 자코섬을 바라보기만 했다. 섬에 누군가 살고 있다면 기꺼이 자코로 들어가겠지만 사람이 없는 섬은 궁금하지 않다.

뚜뚜알라 해변이나 자코섬이나 내게는 별반 다르지 않다.

그래서…… 두고 간다, 자코. 다른 바쁜 일이 있어서가 아니다. 내리쬐는 태양이 너무 뜨거워서도, 게을러서도 결코 아니다.

뚜뚜알라 마을의 언덕

해변에서 올라와 뚜뚜알라 마을 언덕을 다시 오른다. 어제 해질 무렵에 보았던 풍경을 선명하게 다시 보기 위해서다.

포르투갈 통치시절에 지어진 별장이 그대로 남아있는 언덕에서는 멀리 꼼의 해변이 한눈에 들어온다. 저 해안선을 따라 서쪽으로 쭉 가면 딜리인가? 멀리 떠나오니 딜리가 그립기까지 하다.

어느새 동네사람들이 기념품을 가지고 모여든다. 론리플래닛의 안내가 틀리지는 않은 것 같다. 기념품을 파는 곳은 여기가 처음이다.

아이들이나 할아버지나 거북이 등껍질로 만든 반지와 팔찌, 귀걸이들을 들고 있다.

로스팔로스로 나가는 길에 예원 씨와 주아나 아줌마에게 선물하기 위해 반지 두 개를 사고 잠시 고민하다 내 손가락에도 하나 끼워주었다.

딜리 시내에서 산 팔찌에 꼼의 게스트하우스에서 산 주머니 가방, 뚜뚜알라의 반지까지. 몸에 걸친 여행 전리품들이 하나 둘 늘어간다.

나쁜 여자

악어의 전설

아주 오랜 옛날 한 소년이 바다로 나가다 지쳐있던 새끼 악어를 발견했습니다.
소년은 악어를 해안가로 옮겨주었는데 기운을 차린 악어는
은혜를 잊지 않겠다고 약속했습니다.
언제든 바닷가로 나와서 자기를 부르면 원하는 곳 어디라도 데려다 주겠다고도 했습니다.
어느날 바다를 여행하고 싶었던 소년은 악어를 찾았고
약속했던 대로 악어가 나타나 소년을 등에 태우고 바다 모험을 떠났습니다.
악어는 죽어서 육지가 되었고 소년은 가족과 함께 악어가 자신의 등으로 만들어준
티모르섬에서 행복하게 살았답니다.

전설처럼 티모르섬의 모양은 정말 악어를 닮았고 사람들은 악어를 자신들의 조상이라 여기며 절대 죽이지 않는다.
그리고 착한 사람과 나쁜 사람을 한눈에 알아보고 나쁜 사람만 헤친다고 한다.
바우카우를 향해 서쪽으로 되돌아 나오는 길, 라가강(江) 모래톱 위에서 낮잠을 자는 전설의 악어를 직접 보았다. 다행히 나는 다리 위에 있어 무사할 수 있었다.

얘 들 아 　미 안 해

바우카우를 코 앞에 두고 차가 멈춰버렸다. 에디에게 오일게이지를 체크하라고 아침, 저녁으로 말했었는데 그때마다 괜찮다고 하더니만 오늘 결국 올 것이 오고야 만 것이다. 주유소라고 해봐야 주유기가 있는 곳은 딜리와 바우카우 뿐이고 나머지 지역은 깔대기를 대고 바가지로 부어주는데 그나마도 못 찾으면 길거리의 오일가게를 이용해야 한다.

그런데 하필이면 허허벌판 언덕 위에서 차가 멈출 줄이야.

에디는 오일을 사오겠다며 지나가던 미크롤렛을 타고 바우카우로 가고 꼼짝없이 차를 지키며 땡볕 아래 서 있게 되었다. 다행히 위쪽에 나무 그늘이 있다.

미지근한 생수병을 움켜쥐고 언덕 아래 멀리 펼쳐진 바다를 바라보고 있는데 남자 아이 둘이 차 안을 들여다보고 있다. 혹시…….

가끔 멈춰 선 차 문을 함부로 연다거나 뒷트렁크 문에 매달려 있다가 차가 출발하면 뒷문을 열고 도망가는 위험한 장난을 하는 아이들을 만났었다. 물건을 훔치는 아이들도 있다고 한다.

"야 너희들 뭐야?"

나도 모르게 한국말이 튀어나왔다. 흠칫 놀란 두 소년은 키득키득 웃으며 차에서 물러난다.

내가 너무 심했나?

키가 큰 녀석이 손에 들고 있던 긴 막대기를 바닥에 쿵쿵 내리 찍으며 이상한 소리를 낸다.

나를 위협하는 건가? 그래도 환한 대낮이고 어린 꼬맹이들인데…….

갑자기 울컥 심사가 꼬인다. 언덕 위에 멈춰선 차를 구경하러 온 아이들. 여자인 나를 위협하려는 듯 무기까지 들고.

시계 바늘을 가리키며 한 시간 내로 온다던 에디는 오일 뽑으러 유전이라도 파고 있나.

두 소년은 통 다른 데로 갈 생각이 없는지 콘크리트 옹벽 그늘에 기댄 채 나를 곁눈질 하고 있다. 방법이 없다. 사탕이라도 주면 제갈길로 가려나.

차에서 막대사탕 두 개를 꺼내어 내밀었지만 고개를 흔든다.

"너희들 원하는 게 도대체 뭐야, 엉?"

또 한국말이 튀어나온다. 아까보다 더 크게.

침묵이 흐른다. 곁눈질로 서로를 살피는 팽팽한 신경전이 계속된다.

갑자기 큰 아이가 도로 옆 수풀 쪽으로 달려가더니 손에 쥐고 있던 막대기를 휘젓는다. 도변으로 올라서려던 양 몇 마리 풀밭 쪽으로 몸을 돌린다. 도로 옆 비탈면의 수풀 속에 양들이 모여 있다.

아뿔사. 두 소년은 양떼를 돌보는 목동이었던 거다.

차에 관심이 있어서도 아니고 심심해서 나를 놀려먹으려는 것도 아니었다. 소년들은 저 아래 바닷가에서부터 양들을 몰고 올라 온 양치기.

미안해. 아 너무 미안해. 머릿속이 허옇고 쥐구멍에라도 숨고 싶다.

차로 달려가 봉지 안에 있던 막대사탕을 훑듯이 쓸어서 소년들에게 내밀었다. 그러나 큰 아이는 또 고개를 흔든다. 형의 눈치를 보는 작은 아이 손에 사탕무더기를 들려주었다. 초콜릿도 꺼내다 주었다.

덩치도 큰 이방의 여자가 꽥꽥 소리를 질러댔으니 어쩌면 이 아이들은 나보다 더 불안했을지도 모른다. 그러나 양들을 지켜야 하니 그 자리에 있을 수밖에.

이러저러 했다고, 그래서 미안했다고 설명하고 싶다. 사탕쪼가리 몇 개로 난감하고 미안한 마음을 대신하는 것, 다시 한번 정말 미안해.

잠시 후 두 소년은 언덕을 다시 올라간다. 양들이 어디론가 또 이동하나 보다. 뒤돌아서는 형의 손에도 사탕 하나가 들려있다. 내 사과를 받아준 걸까? 다행이다.

그런데 아까 라가강의 악어는 이 나쁜 여자를 알아봤을까?

기름통을 매달고

간신히 기름을 넣고 주유소에 갔더니 기름통 값을 돌려주지 못하겠단다. 생돈을 쓰게 만든 것이 미안한지 에디의 얼굴이 어둡게 변한다.

3달러짜리 빈 통을 무려 세 개나 샀는데 버리고 가려거든 마음대로 하라니. 아이들이 음료수캔 1kg을 주워다 팔면 얼마를 주는지 아나? 겨우 10센트 밖에 안 쳐준다. 물자 귀한 나라에서 물통을 버리고 가라니 말도 안 될 소리. 어디서든 필요로 하는 사람이 보이면 차라리 그에게 주겠다. 자동차 뒤에 대롱대롱 물통을 매달고 비케케(Viqueque)로 간다.

체감 온도 영하 3도

비케케로 가는 길은 내내 비가 내린다. 바우카우까지만 해도 쨍쨍했던 날씨가 고산 지대로 들어서면서 얼굴을 확 바꾼다.

다랭이논 위에 서 있던 아이들은 양어깨를 감싸며 뛰어가고 길가의 남자들은 두꺼운 겨울 외투를 입었다.

적도 바로 아래의 나라지만 바람 부는 산악지방의 기온은 체감온도 영하 3도.

비구름을 빠져나오긴 했지만 이번엔 바람이 차갑다. 산 정상을 흘러가는 구름이 멋져 차에서 내렸다가 얼어 죽을 뻔 했다. 민소매 차림으로 춥다고 동동거리는 나를 멀찍이서 구경하는 할아버지는 솜 점퍼에 담요까지 두르셨다.

나도 잘 때 이불로 쓰는 타이스를 꺼내 몸에 둘렀다. 스타일 따질 때가 아니다.

구름도 추워서 저희들끼리 몸을 부비는 산꼭대기, 나라도 나를 따뜻하게 안아주자.

내 마음을 받아줘

산 아래 학교에서 돌아오는 중이니?

반소매의 교복인데 춥지는 않니?

벗어줄 옷은 없지만 이 기름통이라도 받아줄래?

너에게 주려고 바우카우에서부터 가져온 거야.

혹시 길가를 지나는 너를 못 볼까봐 눈을 크게 뜨고 여기까지 왔단다.

깨끗이 씻으면 물통으로 쓸 수 있을까? 예쁘게 잘라서 화분으로라도 쓸래?

아니면 시장에 가져가서 달콤한 과자 몇 봉지와 바꿀 수도 있겠지.

딜리 가는 날

아름다운 폭포가 흐르는 오수(Osu)를 거쳐 비케케에 도착하니 밤이다.

다른 지역보다 넉넉한 듯 보이는 곳이지만 아침의 비케케는 텅 비었다.

일주일에 한 번씩 수확한 농작물을 딜리로 가져다 파는 날이란다. 부지런한 사람들은 일찌감치 새벽길을 나섰고 늦게 출발하는 트럭을 기다리는 사람들이 너른 공터에 모여 있다.

연두빛 바나나, 잘생긴 수탉들이 길고 긴 딜리까지의 여행을 얌전히 기다리고 있다.

이제 나도 반환점을 돌 듯 바우카우를 다시 지나 딜리로 간다.

기다리는 사람도 없고 상 받는 일도 아닌데, 달리기 하듯 참 집요하게 비케케까지 왔다.

만약 버스를 타고 다녔다면 지금 어디에 도착해 있을까? 내 마음은 어디쯤에 머무르고 있을까?

정들었던 에디와도 오늘밤에 작별이다. 이른 아침부터 저녁 늦게까지 운전대를 잡느라 얼굴이 핼쓱해진 에디. 피곤하지만 행복하다고 말해주던 에디.

그래, 나도 행복하게 지쳤었다. 그리고 내일은 더 행복한 뚜벅이로 돌아간다.

호텔 티모르

오에쿠씨(Oecussi)로 가는 여객선이 출발하는 항구는 하루 종일 사람들로 북적인다. 배가 출발하는 시각은 오후 5시. 승선이 시작되는 오후 4시30분까지 사람들은 꼬박 땡볕에 서 있어야 한다.

간식거리를 파는 손수레들과 짐을 싣고 온 차들로 도로와 인도의 구분이 사라졌다.

건너편 화단 속의 그늘을 찾아 자리를 잡은 사람은 부지런한 사람들이다.

할 수 없이 항구를 마주 보고 있는 티모르 호텔로 간다.

동티모르 최고의 호텔. 하루 숙박료 최소 80달러. 투숙객도 아니면서 이 호텔의 1층 라운지를 참 많이도 드나들었다.

위장이 기름진 음식을 거부할 때, 달콤한 무언가가 그리울 때, 한낮의 더위에 지쳤을 때.

티모르 호텔 라운지가 마수와 같은 손길을 내미는 것이다.

나는 미끄러지듯 호텔 문을 열고 들어가 시원한 에어컨 바람을 킁킁거리며 들이마시고 그리 안락하지 않은 라탄 의자에 털썩 주저 앉는다.

샌드위치와 맥주, 초코케이크와 카페 라떼, 베이글과 에스프레소. 아, 거부할 수 없는 유혹, 호텔 티모르.

고 향 으 로 　가 는 　사 람 들

인도네시아 가운데에 덩그라니 떨어져 있는 오에쿠시로 가는 사람들.
밀고 밀리며 배에 오른다.
육로를 이용하면 여권을 만들고 인도네시아 비자를
발급 받아야 하니 가난한 사람들에게 이 배는
고향으로 가는 유일한 수단이다.
담장을 사이에 두고 긴 이별을 나누었던 사람들
차마 돌아서지 못하고 사라지는 뒷모습을 끝까지 따라간다.
잘 가라고, 잘 있으라고 손 흔드는 이 아무도 없고
슬픈 눈빛이 마지막 인사를 대신한다.
천천히, 딜리가 멀어진다.
사람들은 말이 없다.
도시에 정착하지 못해 고향으로 돌아가는 사람들,
각박한 도시의 삶을 이어가야 하는 사람들.
그들 중 누가 더 행복할지는 아무도 알 수 없다.

힘겨운 판테마카사르 산책

12시간, 무박 2일의 여정을 끝낸 배가 해뜨기 직전의 판테마카사르(Pantemakassar)에 도착한다.

에어컨 바람에 덜덜 떨며 VIP실에 갇혀있다 밖으로 나가니 갑판 위에 몸을 뉘였던 사람들, 좁은 의자에 기대어 잠을 청했던 사람들이 벌써 일어나 1층 출입문이 열리기를 기다리고 있다.

손님을 태운 오토바이들, 가족과 재회한 사람들, 모두들 제 갈 길로 흩어지고, 직선거리 500여 미터 남짓한 중심가를 이리저리 배회하다 문을 연 식당을 발견했다.

뜬 눈으로 버틴 간밤의 여행이 어찌나 고되었는지 몸은 천근만근이고 물 한 모금 넘길 기력도 없다. 정신을 차리기 위해 시킨 커피 한 잔을 30분에 걸쳐 마셨다.

12시간을 걸었어도 이렇게 힘들지는 않을 것 같다.

2006년 홍수 피해 지역을 돌보다 순직한 한국의 상록부대원 6명을 기리는 추모탑을 둘러보며 특별할 것 없는 거리를 천천히 걸었다.

국경에 둘러싸여 있다고 해도 사람 사는 곳은 어디나 비슷하다.

오후에 다시 딜리로 돌아가는 여객선을 타려면 멀리 갈 수도 없어 오토바이를 타고 리파우(Lifau)에 가기로 했다.

포르투갈이 티모르섬에 처음 발을 딛었던 곳이란다.

리파우에서 나비 날다

헬멧까지 갖춰 쓰고 오토바이를 타는 것이 처음이라 무서웠는데 속도를 높이지 않으니 빠르게 자전거를 타는 느낌이다.
스쳐가는 논밭의 풍경이 초록색 크레파스로 꼼꼼하게 칠한 아이의 그림 같다.
푸른 하늘이 담긴 초록의 논 위에 노랗고 하얀 꽃들이 피어있는 그림.
자세히 보니 꽃이 아니라 나비들이다.
수백, 수천 마리의 나비들이 기다렸다는 듯 일제히 날아오른다. 나비들의 비행은 나를 따라 리파우 해변까지 이어진다.
나비들을 쫓다 어지러워 모래밭 위에 드러누워버렸다. 바닷바람에 길을 잃은 나비 몇 마리 수평선을 향해 날아간다.
어디로 가고 싶었던 걸까? 바다 위에는 내려앉을 꽃도 없고 풀잎도 없는데 지친 날개 어디에서 쉴까?
바닷바람을 이기고 길을 찾으려면 수만 번의 날개짓이 필요할 거야.
나도 그렇게 길을 찾으려 했던 때가 있었다. 많이 왔다고 생각했는데 조금씩 부족했고, 가까이 있는 줄 알았는데 한참을 지나쳐 멀어져 버린 길.
몸을 일으킨다. 나도 리파우의 나비처럼 바다로 날아오른다.

마지막 여행지

그리운 아따우로

전생에 내가 살던 곳이 아따우로(Atauro)라는 이름이었을까?
꿈에도 그리운 아따우로로 드디어 간다.
한 번도 가 본 적 없는 미지의 섬. 그러나 '돌아온 탕자'의 아버지처럼,
누군가 너그러운 품을 열고 허물 많고 더러운 두 발을 씻어줄 것 같은 섬.
어쩌면 아따우로에 가기 위해 동티모르 전체를 헤매고 다녔던 건지도 모른다.
딜리에서 23km. 뱃길로 두 시간이면 닿는 섬을 나는 돌고 돌아 22일이 걸렸다.
하늘은 맑고 바다빛깔 푸르러 그날처럼 다시 가슴이 뛴다.
그날, 먼 여행에서 딜리로 돌아오던 어느 날 저녁.

천 공 의 성 라 퓨 타

그들은 빛과 어둠이 뒤섞인 시간 속에 앉아있었다.

가까이 다가가자 말없이 붉은 의자를 내어주었다.

내가 의자를 사양하고 그들 곁에 나란히 앉은 순간.

눈앞에 구름에 덮인 거대한 섬이 떠올랐다.

하늘과 바다의 경계가 없고, 여기와 저기의 거리감이 없이 수직으로 떠오른 섬.

그것은 경건한 계시와도 같았다.

마지막 여행지, 아따우로. 저곳으로 가자.

어디로도 사라지지 않고 나를 기다려줄 천공의 성 라퓨타.

Photographer

Photographer | 정일호

Photographer | 성일효

Photographer | 정일호

Photographer | 정일은

NKIN PARK
99
LP

Photographer :

넷, 삶의 비유

우리가 원하는 사랑은, 우리가 찾는 행복은
그저 평범한 일상의 비유들일지도 모른다.
길가에 피어난 꽃, 누군가 던져 준 미소, 향이 좋은 커피.
나날의 그물에서 은빛 비유들을 건져 올리는 일.
사랑이라 부르는 것, 행복이라 부르는 것.

간절히 원했었던 날들

친환경 에코빌리지, 투아코인(Tua-koin) 리조트

가방 속에 뭉쳐두었던 빨랫감들을 모아 샤워장으로 가져갔다. 고무대야를 얻어다가 한꺼번에 몰아넣고 자근자근 밟아주었다. 얼굴이 벌겋게 달아오르고 이마에서 흘러내린 땀방울이 따갑게 눈을 찌른다. 에라 모르겠다, 입고 있던 옷가지를 마저 벗어 넣고 홀딱 벗은 채 빨래를 시작한다. 뚫린 천정으로 햇볕이 쏟아지고 어디선가 새소리도 들려온다.

바닷가에 자리 잡은 에코 빌리지, 투아코인 리조트에서의 생활이 시작되었다.

다섯 개의 방갈로와 레스토랑으로 이루어진 리조트는 투아코인 마을의 청년들이 관리하고 있는데 겉모양만 친환경적인 것이 아니라 머무는 사람도 자연인이 될 수밖에 없는 구조다.

따로 정화조 없이 용변을 본 후 변기 안에 나무껍질과 톱밥을 뿌려 그 퇴적물을 퇴비로 이용하는 화장실은 리조트의 자랑이다. 풀밭 위에 자리잡은 방갈로는 아따우로 섬에서 나온 천연재료만으로 만들어졌다.

그러나 작은 방갈로 안에서의 생활은 소박함의 미덕을 넘어서 괴로움 자

체다.

대나무로 만든 방갈로는 내 몸무게를 감당하지 못해 밟을 때마다 빠지직 소리를 내고 낮에는 파리와 개미가, 밤에는 모기가 같이 놀자고 덤빈다. 허술한 모기장 위에 한국에서 가져 간 모기장까지 덧씌웠지만 정체모를 벌레들이 밤새 모기장 안을 돌아다니며 살갗을 물어뜯었다. 가끔 나방을 찾아 들어온 도마뱀과도 놀아주어야 했는데 내가 보아온 도마뱀과는 크기부터 다르고 울음소리도 독특하다. 꾸르륵꾸르륵 울며 모기장 위에 붙어있는 팔뚝 길이만한 이 녀석을 가만히 보고 있으면 귀여운 면도 없지 않다. 형광등 불빛 아래서 사람 따위는 두렵지 않다며 꼼짝 않고 먹이를 기다리는 도마뱀.

기름을 쓰는 발전기 대신 태양광을 이용한 쏠라시스템으로 전기를 만들기 때문에 비가 오거나 구름이 많은 날 저녁에는 일찌감치 잠자리에 들어야 한다.

파도소리가 들려오는 침대에 누워 소녀처럼 일기를 쓰고 우아하게 책을 읽으리라 계획했던 리조트의 밤은 단 한 번도 오지 않았다.

그러나 세상에서 가장 아름다운 아침

밤새 벌레들과 씨름하다 눈을 뜨면 동 트기 전의 고요한 바다가 끝나지 않은 꿈처럼 펼쳐져 있다.

이른 새벽 고기잡이 나갔던 어부가 돌아오는 회색의 바다는 한 점 일렁임도 없이 느리고 느리게 배를 밀어 백사장으로 데려가고, 떠오르는 태양빛

에 놀란 구름들이 흩어지고 또다시 모이며 새로운 하늘을 만들어내고 있다.
커피 한 잔을 내려서 들고는 어슬렁어슬렁 백사장을 걸으면 북쪽마을의 깊은 숲 속으로 나무를 하러 가는 여인들이 말간 얼굴로 눈인사를 건넨다.
착한 맏이는 동생들을 데리고 지난 밤 던져두었던 그물을 걷으러 나왔다. 얼마나 잡혔을까? 오늘 저녁 반찬으로 생선튀김 한 접시가 오르겠구나.
태양이 수평선 위로 높이 오르면 하얀 교복을 입은 학생들이 지나갈 시간이다. 2km 떨어진 마킬리마을에서 산을 넘어 온 아이들이다. 두 시간 동안의 길고 긴 등굣길에 지친 아이들이 바닷바람을 맞으며 한숨 돌리고 학교로 들어간다.
형 누나들이 학교에 가고 나면 심심한 꼬맹이들이 세수 대신 수영을 하러 나오고 배를 만드는 목수들의 망치질 소리가 조용한 백사장에 울려 퍼진다.

아무 것도 하지 않기

여행하며 찍은 사진들을 노트북으로 옮겨 담으며 음악을 듣고 있으면 리조트를 관리하는 두아르떼가 찾아온다.

"스킨스쿠버 하실 거예요?"

"아니요."

"그럼 낚시는?"

"아니요, 그냥 여기 가만히 있을 거예요."

아따우로섬은 딜리나 동티모르 본토에서 일하는 외국인들이 가장 선호하는 휴식처다. 론리 플래닛의 아따우로 지도에는 스킨스쿠버, 스노클링 포인트들이 가득 표시되어 있다.

나는 끝내주게 아름답다는 바다 속이 별로 궁금하지 않다.

"오늘도 그냥 리조트에 머물건가요?"

"네, 아무데도 가고 싶지 않아요."

하루종일 파리를 피해 모기장 속에 들어앉아 멍하니 있는 것이 딱해 보였는지, 아니면 내 스케줄을 체크하는 것이 관리 업무 중의 하나인지, 그는 아침저녁으로 방갈로를 찾아왔다.

아따우로 섬에서의 내 유일한 계획은 아무것도 하지 않는 것.

손끝에서부터 발끝까지 모든 신경을 축 늘어뜨린 채 풀잎 위로 떨어지는 햇살의 멜로디를 듣는 것.

이마 위로 솟아올라서 등 뒤로 떨어지는 태양의 길을 따라가는 것.

백사장에 드러누워 '파란 것은 하늘이고 하얀 것은 구름이구나' 그렇게 존재하는 그대로를 바라보는 것.

PRADA

창조적인 여인들의 공동체 보네카 샵(Boneca Shop)

빌라(Villa) 마을의 성당을 찾아갔다가 보네카 샵을 알게 되었다.

오스트레일리아나 포르투칼에서 보내 온 헌 옷으로 인형과 가방, 학습교구를 만들어 수출하는 보네카 샵은 빌라마을의 여성들이 공동으로 운영하는 곳이다.

월요일부터 금요일까지 하루 8시간씩 일하고 주급으로 20달러를 받는다. 딜리에서 외국인집의 가정부로 일하는 여성들이 월급으로 평균 60달러를 받는 것에 비하면 상대적으로 수입이 좋은 편이다.

재봉틀을 다루는 섬세한 기술에 다양한 색깔의 실과 천을 조화롭게 구성하는 감각까지 갖춘 이 여성들의 대모는 스위스에서 온 삐에라 아줌마.

3년 전 성당의 초청으로 남편과 함께 아따우로섬에 왔던 삐에라 아줌마는 빌라 마을에 여성공동체를 만들기로 결심하고 혼자 이곳에 정착했다.

이탈리아에서 디자인과 일러스트를 가르쳤던 경험을 살려 나무를 하고 밭을 갈던 여자들에게 봉제 기술을 가르치기 시작했다.

뛰어난 색감을 가지고 있던 여자들은 자신도 몰랐던 재능을 발휘해 보잘 것 없는 천을 인형으로, 가방으로 재탄생시켰다. 몇몇 소녀들은 특별한 재능을 인정받아 이탈리아로 유학까지 가서 공부하는 중이라고 하니 놀

랍다.

작업공간이자 전시 판매 공간인 보네카 샵에는 5달러짜리 필통부터 20달러짜리 가방까지 예쁜 색깔의 봉제제품과 인형들이 판매되고 있는데, 쇼핑하는 재미를 잊고 지냈던 이 아줌마에게 지름신이 비켜가시겠나.

티모르 전통 복장을 입은 인형 두 개에 가방 두 개를 사고는 그것도 모자라 선물용이라는 핑계로 다음날 또다시 보네카 샵을 찾았다.

쇼핑보다는 삐에라 아줌마에 대한 궁금증이 나를 다시 빌리 마을로 향하게 만든 것일지도 모른다.

성당 사제관의 방 한 칸에서 생활하고 있다는 그녀. 얼핏 보아도 60은 넘었을 하얀 피부의 여인이 고향인 스위스를 떠나 머나먼 이국까지 오게 된 진짜 이유는 뭘까?

그래, 나는 행복한가봐

"이탈리아에서 디자인을 전공하고 학생들을 가르치다가 건축가인 남편을 만나 결혼을 했지.

결혼생활은 평탄했고…….

건축을 전공했던 아들이 사고로 죽었어. 아, 이 얘기는 하고 싶지 않아.

나는 이탈리아에서는 더 이상 살고 싶지 않았어. 어디로든 멀리 떠나야 했지. 그때 마침 성당의 초대를 받아 아따우로를 방문하게 됐고 여기에서 살기로 결심했어.

낮에는 보네카 샵에서 일하고 밤에는 책을 읽거나 그림을 그리지. 가끔은 외롭기도 하고, 또 어떤 날은 너무 더워서 지쳐 잠들고.

여기서는 아무 괴로움 없이 하루하루가 흘러가. 가끔 치즈나 담배가 떨어져서 고생을 하기도 하지만.

행복하냐고? 글쎄…….
남편이 있는 이탈리아나 스위스로 돌아갈 생각이 들지 않는 걸 보면 아마 아따우로에서의 삶이 만족스러운 거겠지.
예전에는 그림을 그리지 못했어. 하지만 여기에 와서 나는 다시 그림을 그리기 시작했어. 내 안의 나를 바라보고, 마음의 흐름을 느끼고, 스케치를 하고.
그래 나는 행복한가 봐."

삐에라 아줌마는 또 하나의 여성공동체를 만들려고 한다. 마킬리 마을에 성당이 새로 지어지고 있는데 이곳에 보네카 샵과 같은 곳이 하나 더 생기

게 된다.

아들을 잃고 도망치듯 찾아 온 섬에서 그녀는 더 많은 원주민 여성들이 당당한 제2의 인생을 살 수 있도록 돕고 있는 것이다. 더불어 그녀의 인생도 이 섬에서 전환점을 만났다.

두 장의 그림 속에

태양이 뜨겁고 개미떼가 극성을 부리는 오후. 나는 매일 터벅터벅 흙길을 걸어 삐에라 아줌마를 만나러 갔다.

고통을 이겨내는 힘, 외로움을 견디는 용기, 자신을 사랑하는 지혜를 그녀의 얼굴만 보고 있어도 배울 수 있을 것 같았기 때문이다.

아따우로를 떠나기 전날에는 그녀가 그린 수채화 두 점을 샀다.

아름답게 늙어가는 여인의 침실. 그녀의 방을 내 방에 옮겨두고 싶었다.

미친 듯이 달려 온 날들, 안개 속을 걷듯 두려움에 떨었던 모호한 날들, 가슴이 터질 듯 행복했던 날들을 그림 위에 덧칠하며 짧지 않은 한 달간의 여행을 추억하고 싶었다.

사랑하는 아들을 잃은 상처를 치유한 그녀의 방을 보며 내 마음에 돋아난 가시들을 하나씩 하나씩 빼내고 싶었다.

Ataúro 2010

일요일의 풍경

여인들이 걸어간다. 타이트스커트에 하얀 블라우스를 입고, 납작한 슬리퍼가 끼워져 있던 발에는 아찔한 굽의 하이힐이 신겨져 있다.

어디 파티에라도 가는 걸까?

엄마 손을 잡고 걷는 아이들의 차림새도 예사롭지 않다. 깔끔하게 씻은 얼굴에 깨끗한 옷, 여러 번 빗질한 듯 머리카락은 반드르르 윤기가 흐른다.

할머니들도 어깨에 걸었던 자루를 내려놓고 고운 꽃무늬 블라우스를 입으셨다.

서두르지 않고 그들이 향해 가는 곳은 일요일의 성당.

이미 미사가 시작된 성당 안보다 성당 밖의 풍경이 더욱 경건하다. 사람들은 선 채로 미사를 드리고 엄마를 따라 온 아이들은 나무 그늘에 얌전히 앉아있다.

갓난아기를 안은 젊은 엄마, 벽에 기대앉은 수줍은 아가씨가 스피커에서 흘러나오는 신부님의 목소리에 맞춰 성호를 긋는다.

빌라마을의 하얀 성당에 축복의 햇살이 내린다.

말 없는 대화

낡은 배낭을 메고 무거운 기름통을 든 루이스신부님이 마킬리마을로 가신다.

매주 네 번씩 작은 쪽배를 타고 마킬리마을로 가서 그곳에 지어진 성당에 들어갈 의자들을 만드신단다.

커다란 바위산을 넘어가는 길은 너무 험해서 자동차도 오토바이도 다니지 못하고 울퉁불퉁한 바위해안을 빙 돌아 걸어가거나 배를 이용하는 수밖에 없다.

루이스신부님 가시는 날에 맞춰 쪽배를 얻어 타고 마을 구경에 나섰다.

물속이 훤히 들여다보이는 바닷길을 따라 노를 저어가는 쪽배가 행여 암초라도 만나 뒤집어질까 겁이 났지만 루이스신부님은 뱃머리만 바라보실 뿐 오랜 시간 신의 뜻에 따라 움직였을 그의 눈빛에는 아무런 동요도 없다. 이탈리아어도 할 수 있고 브라질말도 할 수 있고 테툰어도 할 수 있는데 영어는 못 하신다는 신부님. 성당이라고는 서울 명동성당 구경한 게 전부고 신부님 옆에는 가보지도 못한 나, 어렵다. 눈이라도 마주쳐보려 했지만 신부님은 45도 각도로 내려다보고만 계신다.

배에서 내려서도 저만치 앞서 걸으실 뿐 뒤도 안 돌아보신다. 언덕길을 올라 마을회관에 도착하자 화이트보드 위에 전통 가옥의 위치와 산 정상 아래에 있는 샘터를 그려주셨다. 말로는 안되니 그림으로 보여주신 거다.

마을 촌장님을 따라 가파른 산길을 오르며 마을을 둘러보고 내려오자 책을 읽으며 기다리고 계시던 신부님이 슬쩍 내 얼굴을 쳐다보신다. 마을구경이 만족스러웠는지를 묻는 표정이다.

나는 최대한 얼굴 근육을 늘여 커다랗게 웃음을 만들었다. 신부님도 싱긋 웃으신다.

만난 지 다섯 시간 만에 우리는 드디어 서로 마주보며 웃었다.

특별한 저녁 식사

"저… 신부님, 저녁식사를 같이 하고 싶은데요……."

빌라마을로 돌아와 배에서 내려 걷는 동안 망설이고 망설이다 어렵게 저녁식사 얘기를 꺼냈다. 잠시 뭔가를 생각하던 신부님이 고개를 끄덕이신다.

성당 옆에 있는 이탈리아 식당은 삐에라 아줌마에게 비법을 전수 받은 현지인이 피자와 스파게티를 만들어 파는데 장작가마에서 구어진 피자 맛이 일품이다. 거기서 피자라도 한 판 대접해야겠다고 쪽배를 타고 오는 동안 생각했었다.

삐에라 아줌마도 식당으로 왔다. 이 식당은 그녀의 부엌이기도 해서 이곳에서 요리를 한다.

그런데 주문을 받아야 할 식당 주인이 보이질 않는다.

"미리 예약하지 않으면 저녁에는 아무도 없어." 삐에라 아줌마가 별일 아니라는 듯 말한다.

"신부님께 저녁식사를 대접하려고 했는데요……."

"신부님이 함께 식사하는 것을 허락했다면 아마 너에게 저녁밥을 해주신다는 뜻이었을 거야."

이런 황송한 일을 벌이다니 큰일이다.

식당의 주방을 왔다갔다 하시는 신부님을 멍하니 바라보고 있자니 가시방석이 따로 없다.

"괜찮아, 오늘 너는 신부님의 손님이야. 덕분에 나도 잘 먹게 생겼네."

삐에라 아줌마는 편하게 있으라며 연신 손을 내저으신다.

마카로니 스프와 빵, 감자 튀김과 흰 쌀밥이 식탁 위에 차려졌다. 거기다 시원한 허브주스까지.

집 떠난 지 20여일 만에 배가 터지도록 먹고 마셨다. 신부님이 손수 차려주시는 밥상은 처음이자 아마도 마지막이겠지.

삐에라 아줌마가 있으니 신부님은 내게 이것저것 물어보시기도 하고 신부님 얘기도 해 주셨다.

이탈리아가 고향인 신부님은 사제 서품을 받은 뒤 35년 동안 브라질에 계시다가 5년 전에 아따우로섬으로 오셨단다.

고령임에도 불구하고 오지에 부임해온 까닭이 있을게다. 그러나 여쭤보지는 않았다. 성성한 백발에 깊은 눈빛, 일자로 닫힌 입술이 그가 살아온 날들을 대신 말해주고 있으니.

나이가 든다는 것은 살아온 세월을 통해 더 많은 비유들을 갖게 되는 일일지도 모른다. 그리하여 긴 설명 필요 없이, 해가 뜨고 지는 하루, 한 그릇의 밥, 한 번의 웃음에 깃든 의미들을 진한 주름의 더께 위에 간직하게 되는 것인지도 모르겠다.

하마터면 행복하시냐고 물을 뻔 했다. 그날 밤 명치부터 목구멍까지 오르락내리락 하던 물음은 입 밖으로 나오지 못했고, 질문은 화살이 되어 돌아와 어리석은 내 머릿속만 헤집어 놓았다.

수천의 고통을 딛고 수만의 파도를 넘어

섬을 떠나는 이유

이른 새벽 바다가 잠잠할 때 딜리로 가는 배가 떠난다고 해서 전날 미리 짐을 챙기고 옷까지 갖춰 입은 채로 잠이 들었다. 이틀 후면 딜리에서 여객선이 들어오지만 미친년 속치마 마냥 이리 펄럭 저리 펄럭하는 마음을 가라앉히며 얌전히 기다릴 수가 없는 것이다.

개미, 모기와의 동거를 청산하고 싶은 마음도 컸지만 그보다는 여행을 마치기 전 좀 더 많은 시간을 딜리에서 보내기 위해서다. 나를 그토록 힘겹게 했던 거리, 아무 매력 없는 도시의 풍경, 무표정 하거나 과장되거나 둘 중 하나인 사람들. 나는 그것들을 다시 만나고 싶었다.

더 잘 할 수 있다고, 더 많이 사랑할 수 있다고, 마치 헤어졌던 연인을 다시 만나기 전 다짐하듯 나는 다시 딜리로 간다.

새벽 5시에서 6시 사이에 리조트 앞 해안으로 태우러 올거라던 배는 그러나 8시가 되어도 오지 않는다. 내 눈으로 바다의 상태를 짐작할 수는

없지만 분명한 것은 아침 시간이 지나면 파도가 높아서 배를 띄울 수 없다고 했었다.
짐을 다시 풀어야 하나 고민하다가 노트북을 열어 그동안 찍은 사진이나 보기로 했다.
발리에서 머물렀던 하루, 딜리 공항의 풍경들로 시작해서 기울어지고 초점이 나간 삭막한 거리의 사진들이 천천히 나타났다 사라진다.
그때 해안가를 서성이던 두아르떼가 손을 흔든다. 배가 왔다.
예상했던 것보다 훨씬 작은 통통배다. 저걸 타고 망망대해를 건넌다고? 고민할 사이도 없이 배에 타고 있던 남자들이 바다에 뛰어들어 가방을 건네받고 나도 엉겁결에 신발을 벗어 들고 배에 올랐다.
리조트의 직원들이 모두 나왔다. 불 꺼진 리조트를 밤새 순찰하던 사람들이다.
선한 얼굴의 두아르떼가 걱정스런 얼굴을 애써 감추며 웃는다.
언젠가는 우리 다시 만나겠지, 그리운 사람을 떠올리며 재회의 눈물을 상상할 때, 내가 절대로 잊지 않고 당신의 얼굴을, 삐에라 아줌마의 얼굴을, 루이스 신부님의 얼굴을 기억한다면.
언젠가는 토요일 아침의 여객선을 타고 아따우로에 다시 오게 되겠지.

악몽의 다섯 시간

출발한 지 두 시간이 지났는데도 등 뒤로는 아따우로섬이 커다랗게 떠있고 동티모르 본섬은 수평선 멀리 아득하기만 하다. 여객선을 탔다면 벌써 항구에 도착했을 시간이다.

세 아이를 데리고 탄 젊은 부부와 네 명의 남자들, 그리고 세 명의 선원, 그리고 선장님.

열 명 남짓 태운 작은 배는 바닷길을 가르지 못한 채 너울을 따라 흔들리고 뱃머리는 파도의 뿌리까지 빨려 들어갈 듯하다가 사람들의 몸을 옴팡지게 적신 후에야 간신히 중심을 잡는다.

하필이면 기댈 곳이 없어 사람들과 마주 앉게 된 나는 공포에 질린 얼굴을 꼼짝없이 남자들에게 보여주고 있다. 뱃머리를 향해 돌아앉았다가 짠 물 한바가지를 뒤집어쓰고 마주 앉기를 몇 번이나 했을까.

젖은 몸을 휘감는 바람이 체온을 빼앗고 낡은 난간을 붙잡은 손목이 딱딱하게 굳어가지만 파도는 가라앉을 줄 모르고 그 기세를 더해간다.

파도가 들이칠 때마다 키득키득 웃던 남자들의 얼굴이 어느새 딱딱하게 굳어지고 맨 뒤에서 키를 잡고 있던 선장님의 표정도 심각하다.

꿈이 아닐까? 지옥 속을 떠다니는 꿈이 아닐까? 벌떡 일어나 바다로 뛰어드는 상상으로 미쳐간다.

딜리는 어디인가? 딜리가 존재하기는 하는 걸까?

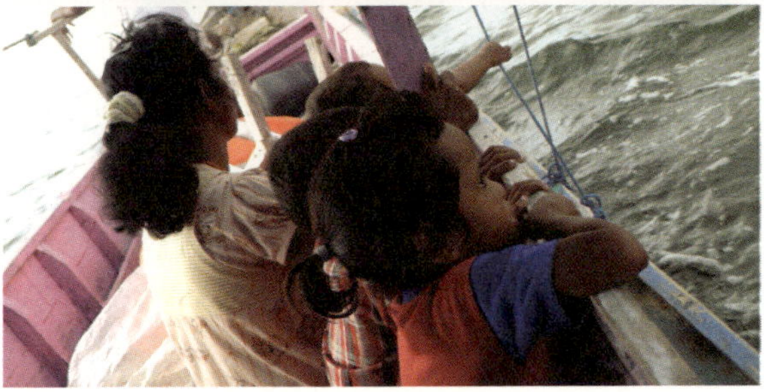

어린 소년은 전쟁터 같은 갑판 위, 내 곁에 누운 채 잠이 들었다. 수건으로 몸을 덮어주었지만 그 수건조차 속수무책으로 젖어버렸다. 그래도 아이는 잠에서 깨지 않는다. 어쩌면 그렇게 잠을 자는 것이 나을지도 모르겠다. 그리고 눈을 떴을 때 도착한 곳이 화려한 회전목마가 돌아가는 놀이공원이었으면 좋겠다.

나도 그만 눈을 감는다.

길을 만들지 못한 채 일렁이는 너울을 타야만 하는 배. 이 작은 배는 무사히 뭍에 닿을 수 있을까?

때로 어떤 시간들은 속수무책으로 견뎌야 하는 것인지도 모른다. 고통과 슬픔을 딛고 수만의 파도를 넘어야 하는 인생의 어느 굴곡은 그저 이렇게 기도하는 심정으로 살아내야 하는 것인지도 모른다.

멀리 육지가 떠오르고 있다. 아따우로를 떠난 지 다섯 시간만이다.

세상의 균형

사라져 버린 호텔 투리즈모

다시 돌아와 걷는 델리는 여전하다. 빽빽거리는 택시들, 사람들을 매단 채 질주하는 미크롤렛, 미지근한 생수를 파는 손수레들, 그리고 움직임이 적은 사람들.

해안도로 끝에 서서 내가 묵었던 호텔 투리즈모의 2층 창가를 올려다보고 있다.

딜리를 떠나 지방을 여행하는 사이 호텔 투리즈모는 문을 닫았다. 건물을 리뉴얼 한다는데 다시 호텔로 오픈할지는 알 수 없단다.

빨래를 널어두었던 베란다, 젖은 발로 살금살금 올라가던 나무계단이 이제 사라지는 것이다. 모기에 물려가며 커피를 마시던 작은 정원도, 텅 빈 수영장도 사라지고 70년대부터 일했다는 영어 잘하는 청소부 할아버지도 다른 일자리를 찾아 떠났을 것이다.

어디 호텔 투리즈모 뿐이겠나. 얼마나 많은 것들이 이 도시에서 사라지고 또 생겨날지 알 수 없다.

딜리는 무서운 속도로 변화하고 있는 중이다.

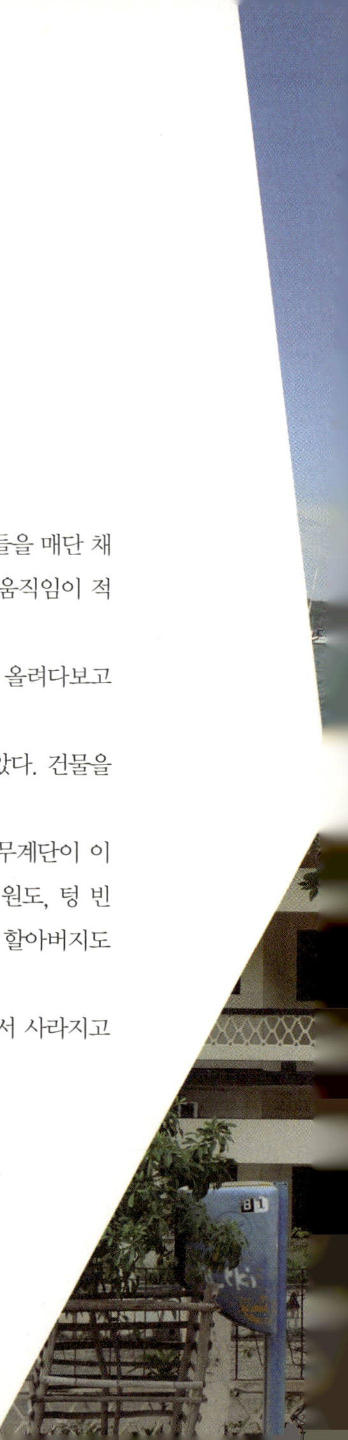

SECRETARIADO
DA ORGANIZAÇÃO
SAGRADA FAMILIA

COMBO FORMAT
JACKSON
MICHAEL JACKSON
LIVE AT BUDAPEST
HD DVD
HISTORY ON FILM

Queen Seon Duk
선덕여왕
KUNG FU DUNK
THE STORY OF A CHINESE BASKETBALL STAR

다 시 보 는 아 바 타

햄버거 가게에서 점심을 먹고 옆에 있는 DVD 가게에 들어갔다. 작은 가게 안에 DVD 타이틀이 빼곡히 들어 차 있다. 모두 중국에서 온 불법 복제품들이다. 가격은 1.5달러.

혹시나 싶었는데 〈아바타〉도 있다.

콘테이너 박스를 연결해 숙소로 만든 호텔 투리즈모 뒤편의 벤츄라 호텔은 환한 대낮에도 영화 보기에는 딱이다. 담장에 붙어있어 빛이 거의 들지 않는다.

불법 복제품답게 화질도 시원찮고 한글 자막도 없지만 캔 맥주 하나 마시며 노트북 화면에 집중하며 보는 맛도 나쁘진 않다.

아이나로의 풍경들에서 아바타의 행성 판도라를 발견하고, 딜리의 산자락에서 만난 가족들의 얼굴에서 나비족의 순수함을 느끼며 나는 누구보다 행복한 여행자였다.

그리고 악어의 전설을 믿으며, 성모마리아에게 기도하며, 하루하루 순하게 살아가는 사람들을 누군가 망가뜨리고 있는 것은 아닌지 날선 의혹의 시선을 거둘 수가 없었다.

신이 존재한다면

신성한 나무 앞에 선 제이크가 행성을 파괴하려는 지구인을 물리칠 힘을 달라고 기도하자 어느새 다가온 나이틀리가 말한다.
신은 누구의 편도 아니라고, 그저 세상의 균형만을 주관한다고.
내 머릿속을 가득 채우고 있던 검은 안개가 순식간에 걷히는 순간이다.
어린 아이와도 같은 순수한 나라, 뒤늦게 세계로 향한 문을 연 작은 나라.
강대국의 틈바구니 속에 있는 이 나라의 변화가 발전인지 파괴인지 아직은 단정 지어 말할 수 없다.
자유를 얻기 위해 피를 흘리고 무수한 회유와 협박을 견뎌낸 사람들.
스스로 힘을 키우고 길을 찾을 때까지 신은 묵묵히 지켜보고 계시리라.

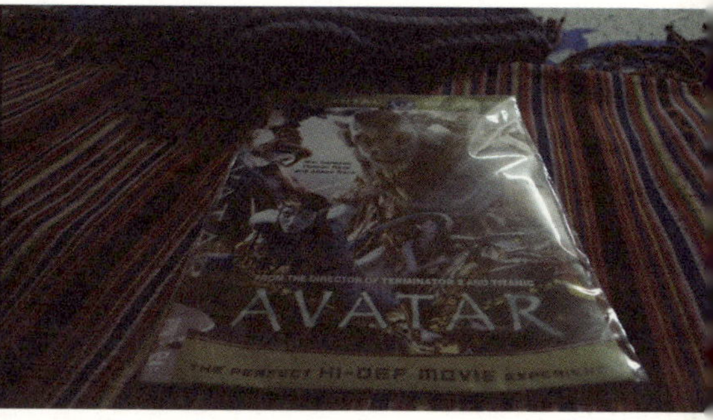
AVATAR

욕망의 바다, 그러나

꿈을 꾸는 아이들

매일 오후 두 시. 태양이 가장 뜨거운 시간. 아이들이 달린다.

땀방울이 눈을 찌르고 숨이 턱까지 차오르지만 아이들은 움직임을 멈추지 않는다.

내일 무엇이 될지, 미래는 어떤 것일지 모르지만

아이들은 오늘

낡은 신발을 고쳐 신고, 잡풀 무성한 운동장을 달리고, 행복한 땀을 흘린다.

수줍은 연인들

숨을 곳 없는 가난한 연인들
어깨를 나란히 하고 앉아있는 것이 전부인 연인들
손을 맞잡는 것조차 부끄러운 연인들
들꽃처럼 수줍게 피었다.
메마른 도시를 적시는 사랑이여
보잘 것 없는 오늘을 빛나게 하는 보석 같은 사랑이여.

가 족

리토와 안제트는 2006년의 내전을 함께 겪으며 사랑을 키웠다. UN사무국 직원이었던 안젯트, 오스트레일리아 NGO 단체에서 일하던 리토.
네델란드에서 온 여인은 듬직한 동티모르 청년에게 의지해 총알을 피하고 목숨을 건졌다.
끔찍한 전쟁터에서 사랑은 더욱 애틋하고 견고하여 끔찍한 악몽도 견뎌낼 수 있었다. 그들이 몸을 숨겼던 집에는 이제 어린 아들이 자라고 있고 오에쿠씨에서 온 리토의 사촌여동생들이 함께 산다.

인도네시아에 유학 갔던 에가스는 아름다운 인도네시아 여인 엘프리다를 만나 사랑에 빠졌고 결혼 후 고향 사메로 돌아와 식당을 차렸다. 인도네시아로부터의 독립 과정에서 보복 학살이 자행되었을 때 부부는 민병대를 피해 마을 사람들과 함께 산속으로 피난을 갔었고 지금은 다섯 명의 아이들을 키우며 행복하게 살고 있다. 마을 사람들은 인도네시아 여자인 엘프리다를 미워하지 않는다.

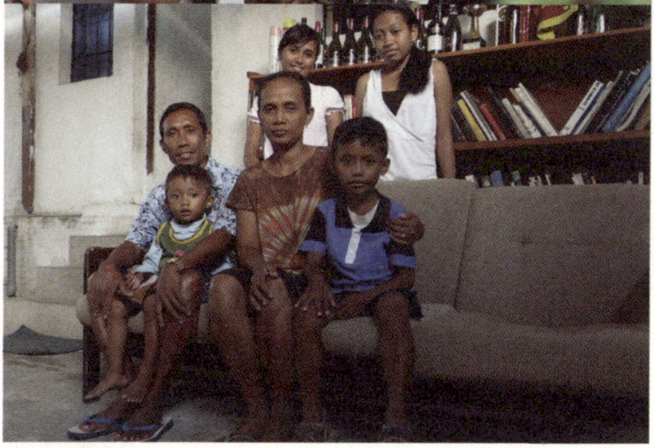

청 춘 에 게

눈부시게 빛나는 그대들의 오늘이 나를 미소짓게 한다.
흙먼지 날리는 거리, 소음의 한가운데서
불안과 좌절의 기억들을 밀어내고 새로운 희망을
꿈꾸는 청춘들.
검은 욕망이 이 땅의 미래를 흔들고
비뚤어진 시선이 그대들의 삶을 초라하다 하여도
그대 부디 잊지 말기를.
깊은 눈빛 아름다운 웃음과 나날을 기뻐하는
감사의 기도를.

남루한, 무심한, 서글픈, 그러나 빛나는

남루한

야윈 몸에 걸쳤던 빛바랜 옷들
어디라도 숨 쉴 곳 있다면 그 곳에 머문다.
가난이라 하여도,
초라하다 하여도,
부끄러울 것 없는 당당한 일상.

무 심 한

엿보려한 것은 아니었으나
아무렇지 않은 그들의 얼굴을 멀찍이서
바라보며 즐거웠으니
암전 가운데 갑자기 밝혀지는 무대의 불빛처럼
깜빡 졸고 있던 시선
다시 깨우는 소소한 풍경.

서 글 픈

기다림이 익숙한 여인.

가끔 외로웠던 나

그녀에게 다가가 웃어주었다.

알아요, 당신 서 있는 자리에서 어디로도 갈 수 없다는 걸.

하지만 떠났던 그 사람도 멀리 가지 못하고

당신에게 돌아오겠지요.

나도 이제 누군가에게로 돌아가요.

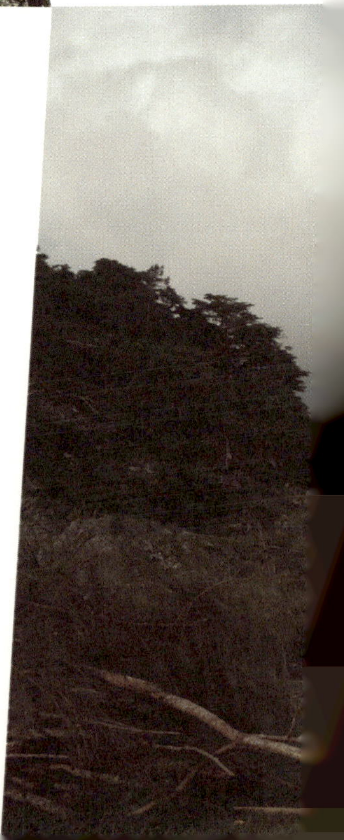

그 러 나   빛 나 는

사랑하는 사람을 위해,
그들의 마음 누구보다 가벼우라고
무겁게 젖은 일상을 햇볕에 널어 말리는 우아한 몸짓.
나도 누군가를 위해 발끝을 세우고
웅크리고 있던 마음의 키를 높이고 싶다.
나도 그렇게 빛나고 싶다.

Photographer | 정일호

Photographer | 장일훈

Photographer | 정일호

Photographer |

Photographer | 정일훈

Photographer 정일호

Epilgue

동티모르는 그토록 열망하던 자유를 얻었으나 혁명을 이루지는 못했습니다.
앞으로 가야 할 길이 멀고 넘어야 할 산은 높지만
경제발전이라는 이름으로 진행되고 있는 일들이
그들의 자연을 파괴하지 않고
고운 심성을 다치게 하지 않는 것이었으면 좋겠습니다.

백년 후에도 천년 후에도
순수한 미소를 보내는 사람들의 나라, 눈에 보이는 것보다
보이지 않는 것을 더 소중히 여기는 나라로 남기를 희망합니다.

감출 수 없는 이기심과 삐뚤어진 욕망 속에 살던 나,
때론 유쾌하게 때론 담담하게 혼돈의 시기를 살아가는 사람들,
그 너그러운 삶의 지평 위에 잠시 머물렀던 시간들을
잊지 않고 기억하기를 희망합니다.